Impressum
Verlag: BABADADA GmbH, Nedderfeld 112 , 22529 Hamburg
Geschäftsführer / Verlagsleitung: Harald Hof
Druck: Books on Demand GmbH, In de Tarpen 42, 22848 Norderstedt

Imprint
Publisher: BABADADA GmbH, Nedderfeld 112 , 22529 Hamburg, Germany
Managing Director / Publishing direction: Harald Hof
Print: Books on Demand GmbH, In de Tarpen 42, 22848 Norderstedt

Szkoła

σχολείο

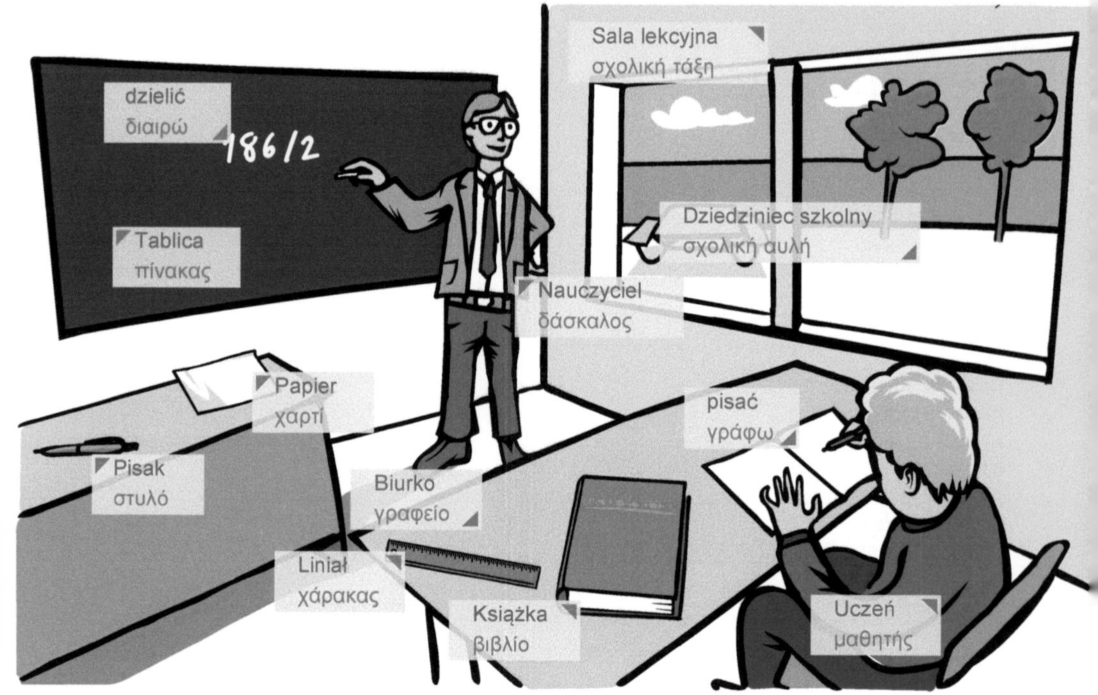

Sala lekcyjna
σχολική τάξη
dzielić
διαιρώ
186/2
Tablica
πίνακας
Dziedziniec szkolny
σχολική αυλή
Nauczyciel
δάσκαλος
Papier
χαρτί
pisać
γράφω
Pisak
στυλό
Biurko
γραφείο
Liniał
χάρακας
Książka
βιβλίο
Uczeń
μαθητής

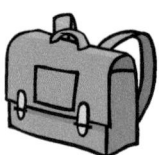

Plecak szkolny

σχολική τσάντα

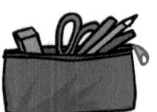

Piórnik

κασετίνα/ μολυβοθήκη

Ołówek

μολύβι

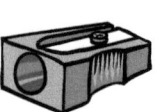

Temperówka

ξύστρα

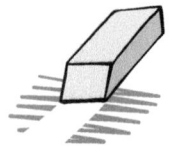

Gumka do mazania

γόμα

Blok rysunkowy

μπλοκ ζωγραφικής

Rysunek

ζωγραφική

Pędzel

πινέλο

Pudełko z akwarelami

κουτί χρωμάτων

Nożyce

ψαλίδι

Klej

κόλλα

Książka do ćwiczenia

τετράδιο ασκήσεων

Zadanie domowe

εργασία για το σπίτι

12

Liczba

αριθμός

2+2

dodawać

προσθέτω

5-2

odejmować

αφαιρώ

2×2

mnożyć

πολλαπλασιάζω

liczyć

υπολογίζω

A

Litera

γράμμα

ABCDEFG HIJKLMN OPQRSTU VWXYZ

Alfabet

αλφάβητο

Słowo

λέξη

Tekst

κείμενο

czytać

διαβάζω

Kreda

κιμωλία

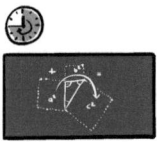

Godzina

μάθημα

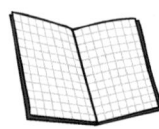

Dziennik lekcyjny

εγγράφομαι

Egzamin

τεστ

Świadectwo

πιστοποιητικό

Mundurek szkolny

μαθητική στολή

Wykształcenie

εκπαίδευση

Leksykon

εγκυκλοπαίδεια

Uniwersytet

πανεπιστήμιο

Mikroskop

μικροσκόπιο

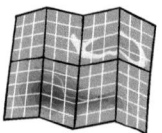

Mapa

χάρτης

Kosz na odpadki

καλάθι αχρήστων

Podróż
ταξίδι

Hotel
ξενοδοχείο
Grand
Schronisko
ξενώνας
ROOMS
Kantor wymiany walut
ανταλλακτήρια συναλλάγματος
Walizka
βαλίτσα
Auto
αυτοκίνητο

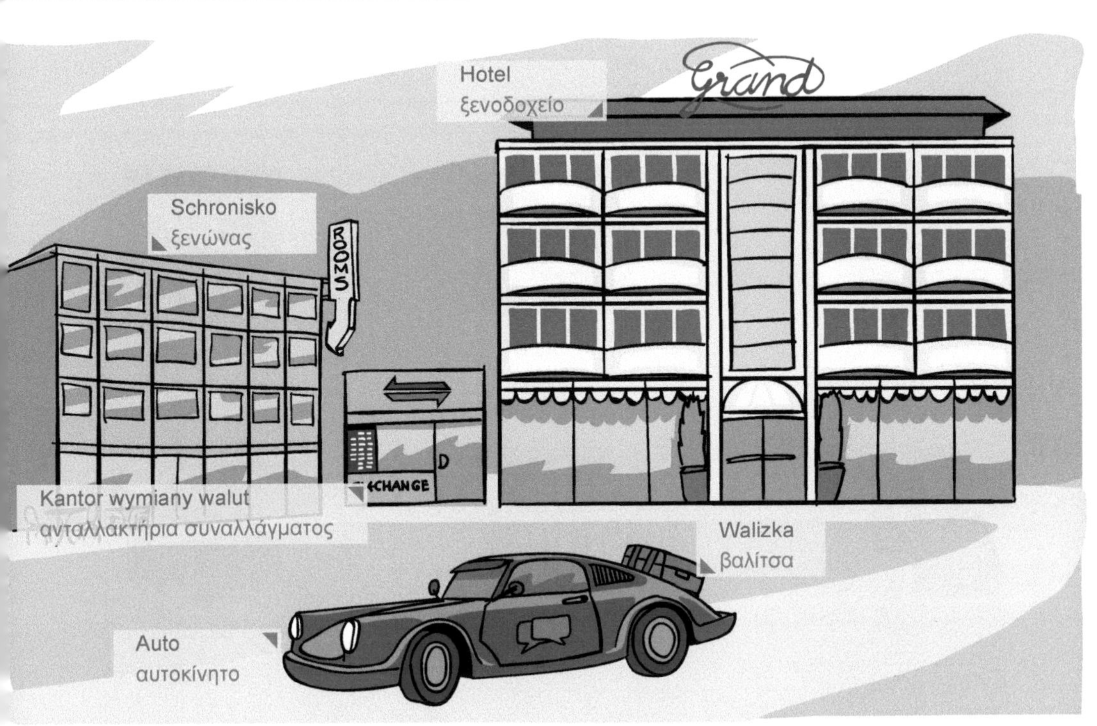

Język

γλώσσα

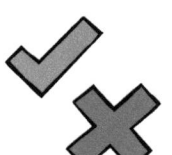

tak / nie

ναι / όχι

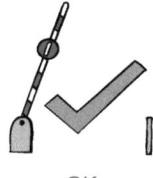

OK

εντάξει

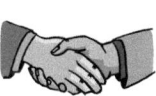

Halo

γεια σου

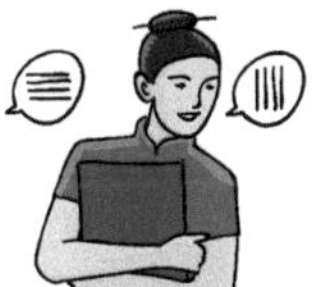

Tłumacz

μεταφραστής

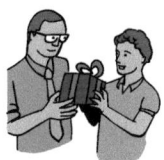

Dziękuję

Ευχαριστώ

Ile kosztuje ...?

πόσο κάνει ;

Nie rozumiem

Δε καταλαβαίνω

Problem

πρόβλημα

Dobry wieczór!

Καλησπέρα!

Dzień dobry!

Καλημέρα!

Dobranoc!

Καληνύχτα!

Do widzenia

Αντίο

Kierunek

κατεύθυνση

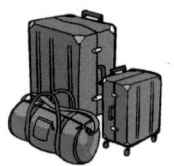

Bagaż

αποσκευές

Torba

τσάντα

Plecak

σακίδιο πλάτης

Gość

καλεσμένος

Pokój

δωμάτιο

Śpiwór

υπνόσακος

Namiot

σκηνή

Informacja turystyczna

τουριστικές πληροφορίες

Plaża

παραλία

Karta kredytowa

πιστωτική κάρτα

Śniadanie

πρωινό

Obiad

μεσημεριανό

Kolacja

δείπνο

Bilet

εισιτήριο

Winda

ανελκυστήρας

Znaczek na list

γραμματόσημο

Granica

σύνορα

Cło

τελωνείο

Ambasada

πρεσβεία

Wiza

βίζα

Paszport

διαβατήριο

Transport
μεταφορά

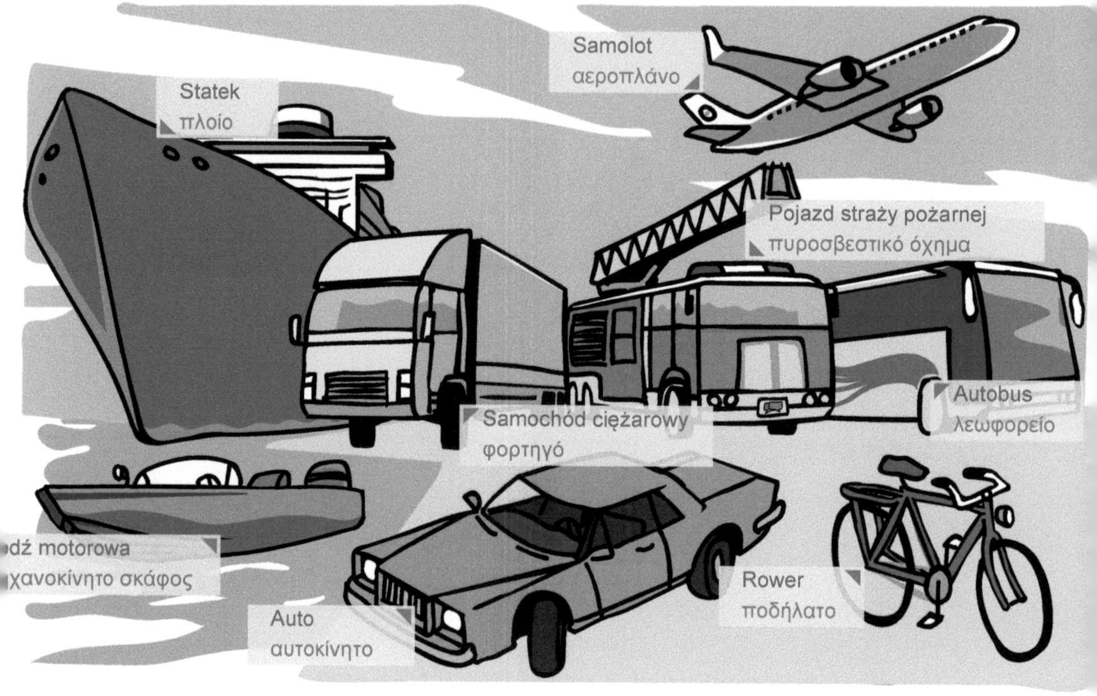
Samolot
αεροπλάνο
Statek
πλοίο
Pojazd straży pożarnej
πυροσβεστικό όχημα
Autobus
λεωφορείο
Samochód ciężarowy
φορτηγό
dź motorowa
χανοκίνητο σκάφος
Rower
ποδήλατο
Auto
αυτοκίνητο

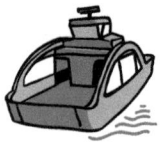

Prom

φεριμπότ

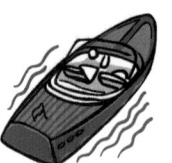

Łódź

βάρκα

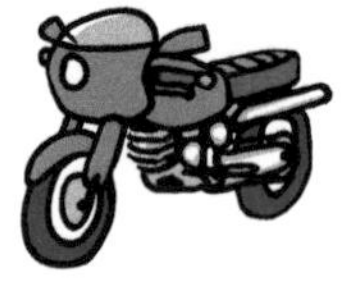

Motocykl

μοτοσικλέτα

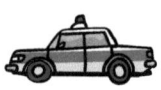

Radiowóz policyjny

περιπολικό

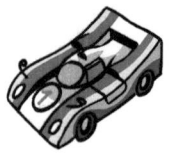

Samochód wyścigowy

αγωνιστικό αυτοκίνητο

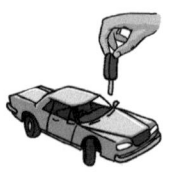

Samochód wypożyczony

ενοικιαζόμενο αυτοκίνητο

Wspólne przejazdy
samochodem

διαμοιρασμός αυτοκινήτων

Samochód pomocy
drogowej
γερανός

Śmieciarka

απορριμματοφόρο

Silnik

κινητήρας

Benzyna

καύσιμο

Stacja benzynowa

βενζινάδικο

Znak drogowy

πινακίδα σήμανσης

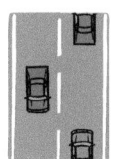

Ruch

κυκλοφορία

Korek

κυκλοφοριακή συμφόρηση

Parking

χώρος στάθμευσης

Dworzec

σιδηροδρομικός σταθμός

Szyny

σιδηροδρομικές γραμμές

Pociąg

τρένο

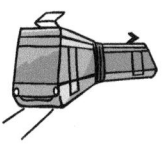

Tramwaj

τραμ

Wagon

βαγόνι

Helikopter

ελικόπτερο

Lotnisko

αεροδρόμιο

Wieża

πύργος

Pasażer

επιβάτης

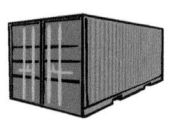

Kontener

εμπορευματοκιβώτιο

Karton

χαρτοκιβώτιο

Taczka

καρότσι

Kosz

καλάθι

startować / lądować

απογειώνομαι /
προσγειόνομαι

Miasto

πόλη

Wieś

χωριό

Centrum miasta

κέντρο της πόλης

Dom

σπίτι

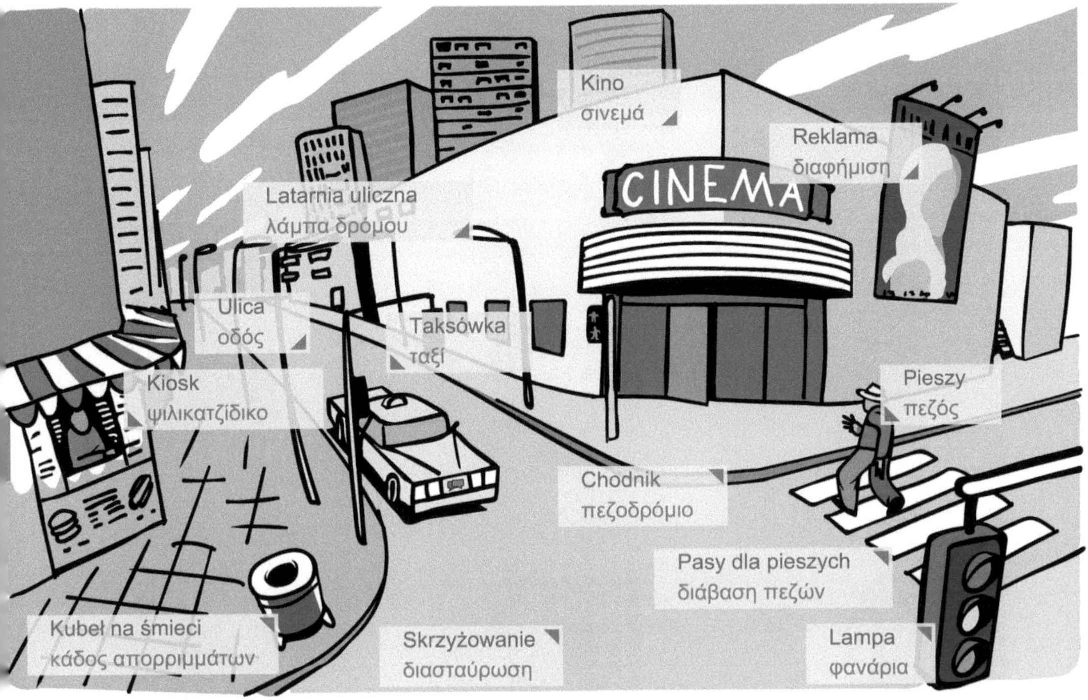

Kino
σινεμά

Reklama
διαφήμιση

Latarnia uliczna
λάμπα δρόμου

CINEMA

Ulica
οδός

Taksówka
ταξί

Pieszy
πεζός

Kiosk
ψιλικατζίδικο

Chodnik
πεζοδρόμιο

Pasy dla pieszych
διάβαση πεζών

Kubeł na śmieci
κάδος απορριμμάτων

Skrzyżowanie
διασταύρωση

Lampa
φανάρια

Chata
καλύβα

Mieszkanie
διαμέρισμα

Dworzec
σιδηροδρομικός σταθμός

Ratusz
δημαρχείο

Muzeum
μουσείο

Szkoła
σχολείο

Uniwersytet

πανεπιστήμιο

Bank

τράπεζα

Szpital

νοσοκομείο

Hotel

ξενοδοχείο

Apteka

φαρμακείο

Biuro

γραφείο

Księgarnia

βιβλιοπωλείο

Sklep

κατάστημα

Kwiaciarnia

ανθοπωλείο

Supermarket

σούπερ μάρκετ

Rynek

αγορά

Dom towarowy

πολυκατάστημα

Sklep z rybami

ιχθυοπωλείο

Centrum handlowe

εμπορικό κέντρο

Port

λιμάνι

Park

πάρκο

Ławka

παγκάκι

Most

γέφυρα

Schody

σκάλες

Metro

μετρό

Tunel

τούνελ

Przystanek autobusowy

στάση λεωφορείου

Bar

μπαρ

Restauracja

εστιατόριο

Skrzynka na listy

γραμματοκιβώτιο

Tabliczka z nazwą ulicy

πινακίδα δρόμου

Parkometr

παρκόμετρο

Zoo

ζωολογικός κήπος

Łaźnia

πισίνα

Meczet

τζαμί

Gospodarstwo chłopskie	Zanieczyszczenie środowiska	Cmentarz
αγρόκτημα	ρύπανση	νεκροταφείο

Kościół	Plac zabaw	Świątynia
εκκλησία	παιδική χαρά	ναός

Krajobraz
τοπίο

Liść
φύλλο

Drogowskaz
πινακίδα κατεύθυνσης

Droga
δρόμος

Łąka
λιβάδι

Kamień
πέτρα

Drzewo
δέντρο

Wędrowiec
πεζοπόρος

Rzeka
ποτάμι

Trawa
χορτάρι

Kwiat
λουλούδι

Dolina

κοιλάδα

Góra

λόφος

Jezioro

λίμνη

Las

δάσος

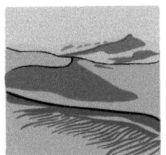

Pustynia

έρημος

Wulkan

ηφαίστειο

Zamek

κάστρο

Tęcza

ουράνιο τόξο

Grzyb

μανιτάρι

Palma

φοίνικας

Komar

κουνούπι

Mucha

μύγα

Mrówka

μυρμήγκι

Pszczoła

μέλισσα

Pająk

αράχνη

Chrząszcz

σκαθάρι

Żaba

βάτραχος

Wiewiórka

σκίουρος

Jeż

σκαντζόχοιρος

Zając

λαγός

Sowa

κουκουβάγια

Ptak

πουλί

Łabędź

κύκνος

Dzik

αγριογούρουνο

Jeleń

ελάφι

Łoś

άλκη

Tama

φράγμα

Wiatrak

ανεμογεννήτρια

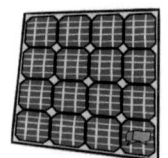

Moduł solarny

ηλιακός συλλέκτης

Klimat

κλίμα

Restauracja
εστιατόριο

Kelner
σερβιτόρος
Menu
κατάλογος
Krzesło
καρέκλα
Zupa
σούπα
Pizza
πίτσα
Sztućce
μαχαιροπίρουνα
Obrus
τραπεζομάντιλο

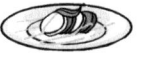

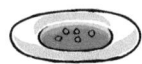

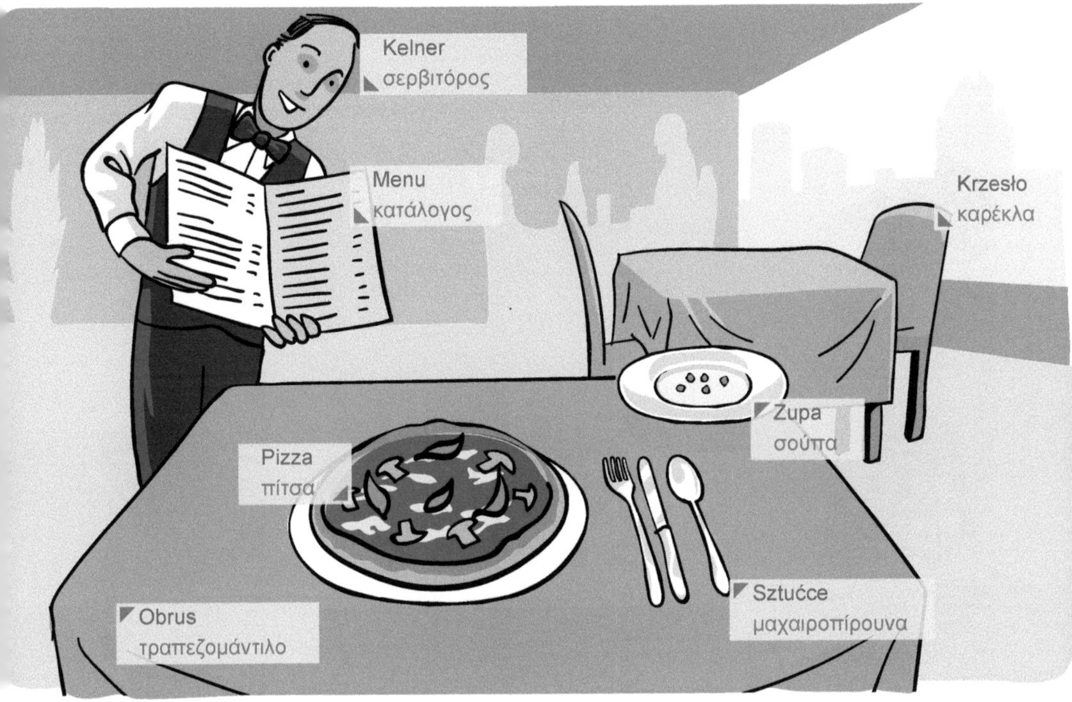

Przystawka

ορεκτικό

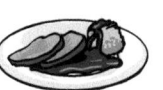

Danie główne

κύριο πιάτο

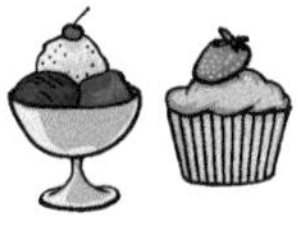

Deser

επιδόρπιο

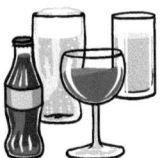

Napoje

ποτά

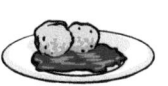

Jedzenie

φαγητό

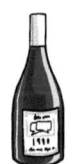

Butelka

μπουκάλι

Fastfood

φαστ φουντ

Streetfood

φαγητό στ' όρθιο

Dzbanek na herbatę

τσαγιέρα

Cukierniczka

δοχείο ζάχαρης

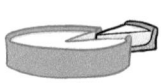

Porcja

μερίδα

Zaparzarka do espresso

μηχανή εσπρέσο

Krzesło dla dziecka

ψηλή καρέκλα

Rachunek

λογαριασμός

Taca

δίσκος

Nож

μαχαίρι

Widelec

πιρούνι

Łyżka

κουτάλι

Łyżeczka

κουταλάκι του τσαγιού

Serwetka

πετσέτα φαγητού

Szklanka

ποτήρι

Talerz

πιάτο

Talerz do zupy

πιάτο σούπας

Podstawek pod filiżankę

πιατάκι φλιτζανιού

Sos

σάλτσα

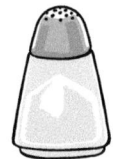

Solniczka

αλατιέρα

Młynek do pieprzu

μύλος για πιπέρι

Ocet

ξύδι

Olej

λάδι

Przyprawy

μπαχαρικά

Keczup

κέτσαπ

Musztarda

μουστάρδα

Majonez

μαγιονέζα

Supermarket
σούπερ μάρκετ

Oferta
προσφορά
FOR
Klient
πελάτης
Produkty mleczne
γαλακτοκομικά προϊόντα
Owoce
φρούτα
Wózek sklepowy
καρότσι για ψώνια

BUTCHERS

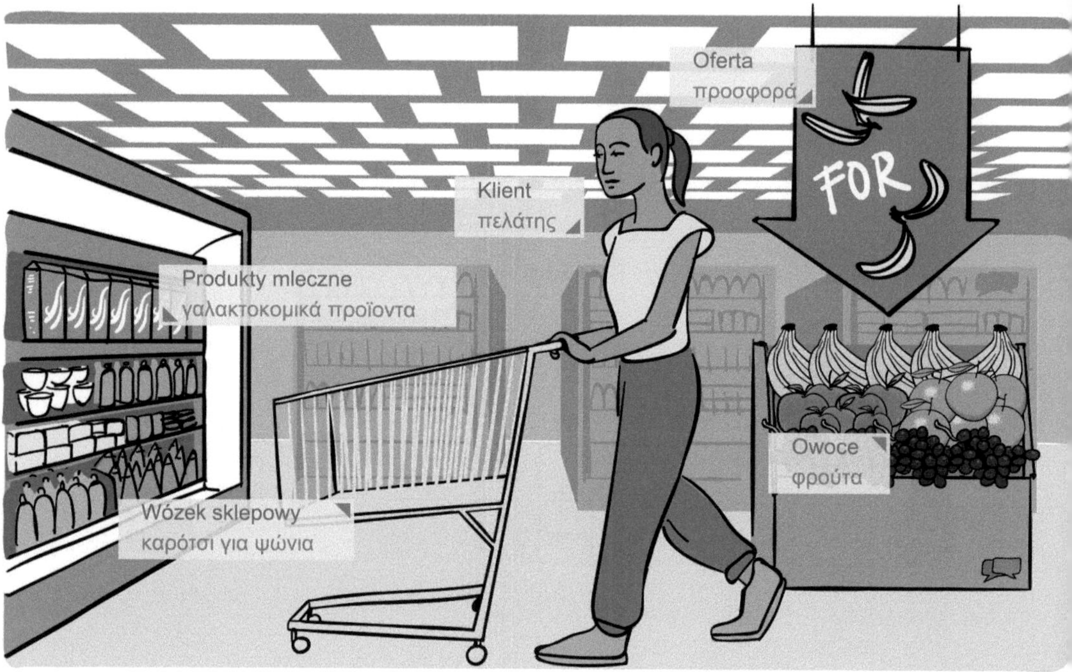

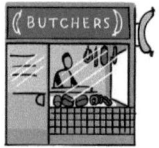

Rzeźnia

κρεοπωλείο

BAKERY

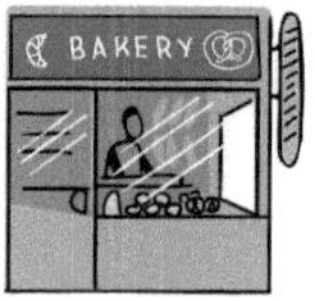

Piekarnia

φούρνος

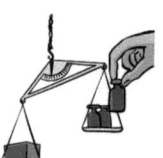

ważyć

ζυγίζω

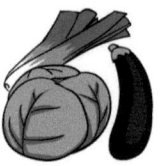

Warzywa

λαχανικά

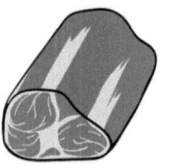

Mięso

κρέας

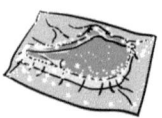

Mrożonki

κατεψυγμένα τρόφιμα

Wędliny

αλλαντικά

Konserwy

κονσερβοποιημένη τροφή

Proszek m do prania

απορρυπαντικό ρούχων

Słodycze

γλυκά

Artykuły użytku domowego

οικιακά είδη

Środek czyszczący

καθαριστικά προϊόντα

Sprzedawczyni

πωλήτρια

Kasa

ταμείο

Kasjer

ταμίας

Lista zakupów

λίστα για ψώνια

Godziny otwarcia

ωράριο λειτουργίας

Portfel

πορτοφόλι

Karta kredytowa

πιστωτική κάρτα

Torba

τσάντα

Torebka plastikowa

πλαστική σακούλα

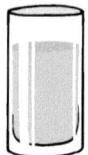

Woda

νερό

Sok

χυμός

Mleko

γάλα

Cola

κόκα κόλα

Wino

κρασί

Piwo

μπίρα

Alkohol

αλκοόλ

Kakao

κακάο

Herbata

τσάι

Kawa

καφές

Espresso

εσπρέσο

Cappuccino

καπουτσίνο

Banan

μπανάνα

Jabłko

μήλο

Pomarańcza

πορτοκάλι

Arbuz

πεπόνι

Cytryna

λεμόνι

Marchew

καρότο

Czosnek

σκόρδο

Bambus

μπαμπού

Cebula

κρεμμύδι

Grzyb

μανιτάρι

Orzechy

ξηροί καρποί

Makaron

νουντλς

Spaghetti

μακαρόνια

Ryż

ρύζι

Sałatka

σαλάτα

Frytki

πατατάκια

Ziemniaki pieczone

τηγανητές πατάτες

Pizza

πίτσα

Hamburger

χάμπουργκερ

Kanapka

σάντουιτς

Sznycel

κοτολέτα

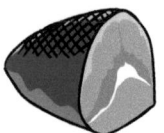

Szynka

ζαμπόν

Salami

σαλάμι

Kiełbasa

λουκάνικο

Kura

κοτόπουλο

Pieczeń

ψητό

Ryba

ψάρι

Płatki owsiane

χυλός βρώμης

Musli

μούσλι

Płatki kukurydziane

κορν φλέικς

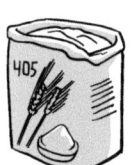

Mąka

αλεύρι

Croissant

κρουασάν

Bułka

ψωμάκι

Chleb

ψωμί

Toast

τοστ

Ciastka

μπισκότα

Masło

βούτυρο

Twarożek

τυρόπηγμα

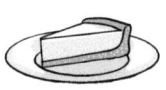

Ciasto

κέικ

Jajko

αυγό

Jajko sadzone

τηγανητό αυγό

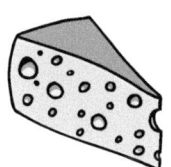

Ser

τυρί

Lody

παγωτό

Cukier

ζάχαρη

Miód

μέλι

Marmolada

μαρμελάδα

Krem nugatowy

άλλειμμα σοκολάτας

Curry

κάρυ

Gospodarstwo chłopskie

αγρόκτημα

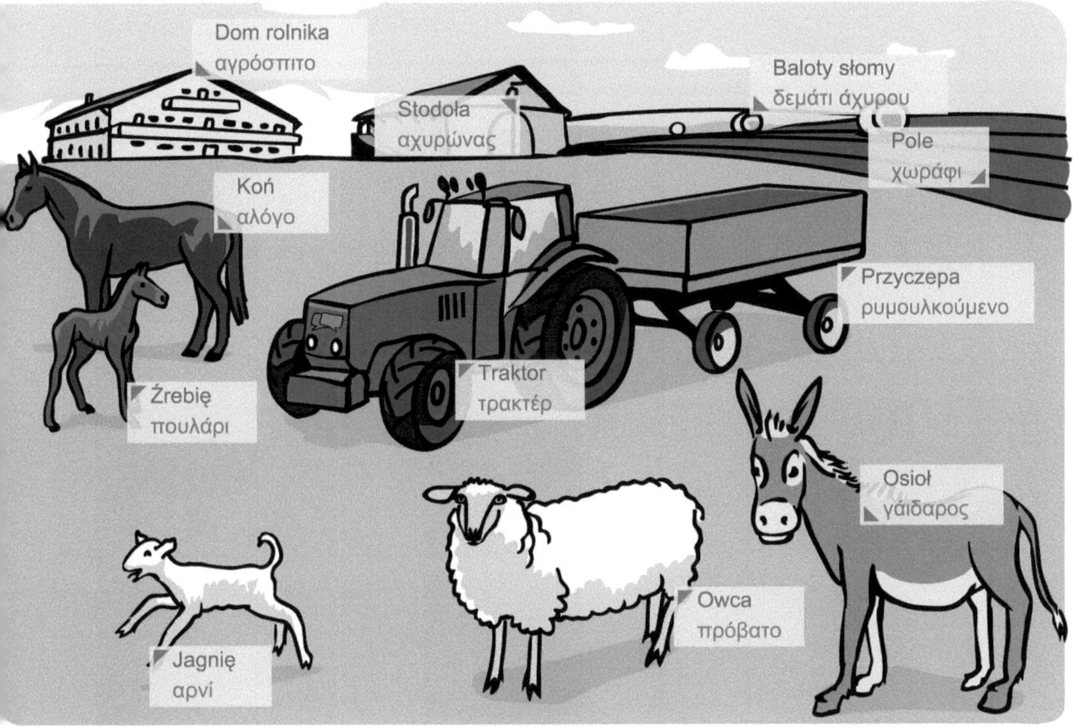
Dom rolnika
αγρόσπιτο
Stodoła
αχυρώνας
Baloty słomy
δεμάτι άχυρου
Pole
χωράφι
Koń
αλόγο
Przyczepa
ρυμουλκούμενο
Traktor
τρακτέρ
Źrebię
πουλάρι
Osioł
γάιδαρος
Owca
πρόβατο
Jagnię
αρνί

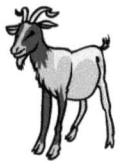

Koza

κατσίκα

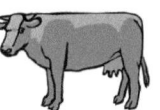

Krowa

αγελάδα

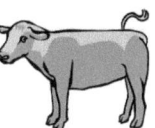

Cielę

μοσχαράκι

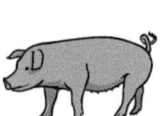

Świnia

γουρούνι

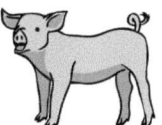

Prosię

γουρουνάκι

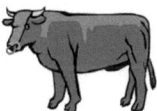

Byk

ταύρος

Gęś

χήνα

Kaczka

πάπια

Kurczątko

κοτοπουλάκι

Kura

κότα

Kogut

κόκορας

Szczur

αρουραίος

Kot

γάτα

Mysz

ποντίκι

Osioł

βόδι

Pies

σκύλος

Buda dla psa

σπιτάκι σκύλου

Wąż ogrodowy

λάστιχο κήπου

Konewka

ποτιστήρι

Kosa

θεριστήρι

Pług

αλέτρι

Sierp

δρεπάνι

Graca

τσάπα

Widły

δίκρανο

Siekiera

τσεκούρι

Taczka

χειράμαξα

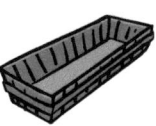

Koryto

ταΐστρα

Kanka na mleko

δοχείο γάλακτος

Worek

σάκος

Płot

φράχτης

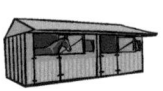

Stajnia

στάβλος

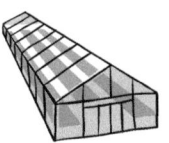

Szklarnia

θερμοκήπιο

Ziemia

έδαφος

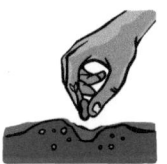

Nasiona

σπόρος

Nawóz

λίπασμα

Kombajn zbożowy

θεριζοαλωνιστική μηχανή

zbierać

θερίζω

Żniwa

συγκομιδή

Podchrzyn

γιαμς

Pszenica

σιτάρι

Soja

σόγια

Ziemniak

πατάτα

Kukurydza

καλαμπόκι

Rzepak

κράμβη

Drzewo owocowe

οπωροφόρο δέντρο

Maniok

μανιόκα

Zboże

δημητριακά

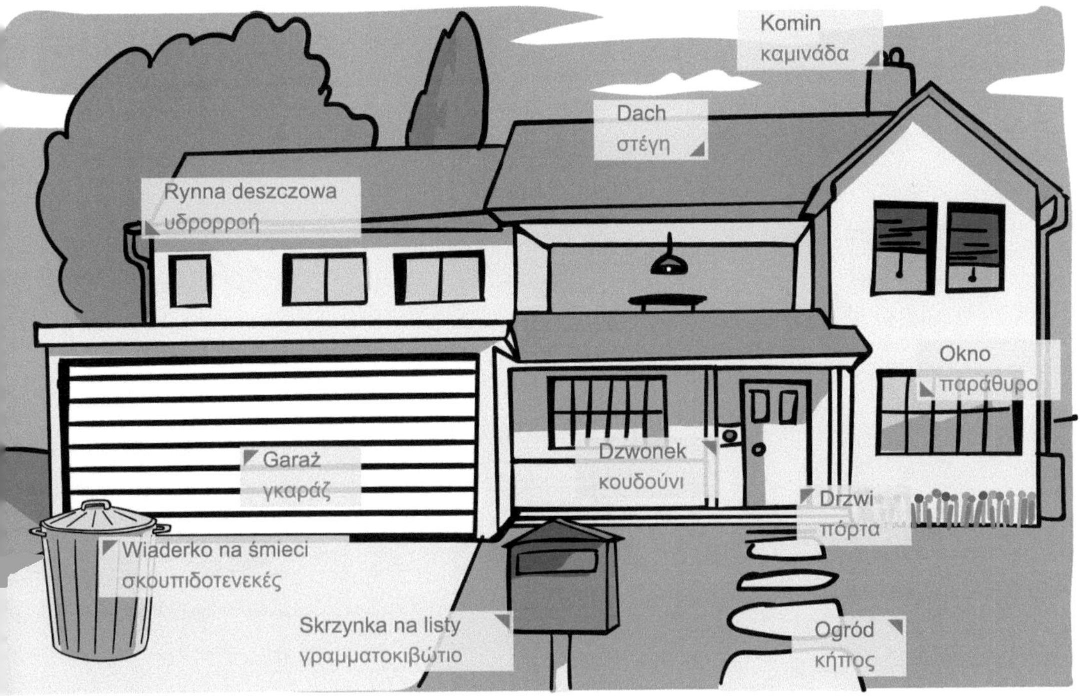

Komin
καμινάδα

Dach
στέγη

Rynna deszczowa
υδρορροή

Okno
παράθυρο

Garaż
γκαράζ

Dzwonek
κουδούνι

Drzwi
πόρτα

Wiaderko na śmieci
σκουπιδοτενεκές

Skrzynka na listy
γραμματοκιβώτιο

Ogród
κήπος

Pokój dzienny

σαλόνι

Łazienka

μπάνιο

Kuchnia

κουζίνα

Sypialnia

υπνοδωμάτιο

Pokój dziecięcy

παιδικό δωμάτιο

Jadalnia

τραπεζαρία

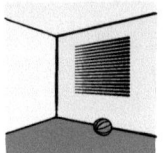

Ziemia

πάτωμα

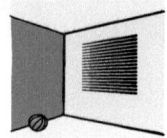

Ściana

τοίχος

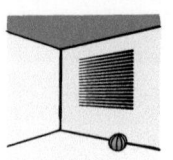

Koc

οροφή

Piwnica

κελάρι

Sauna

σάουνα

Balkon

μπαλκόνι

Taras

βεράντα

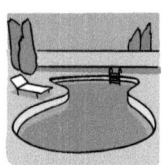

Basen

πισίνα

Kosiarka do trawy

μηχανή του γκαζόν

Poszwa

σεντόνι

Kołdra

κάλυμμα κρεβατιού

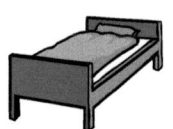

Łóżko

κρεβάτι

Miotła

σκούπα

Wiadro

κουβάς

Włącznik

διακόπτης

Pokój dzienny
σαλόνι

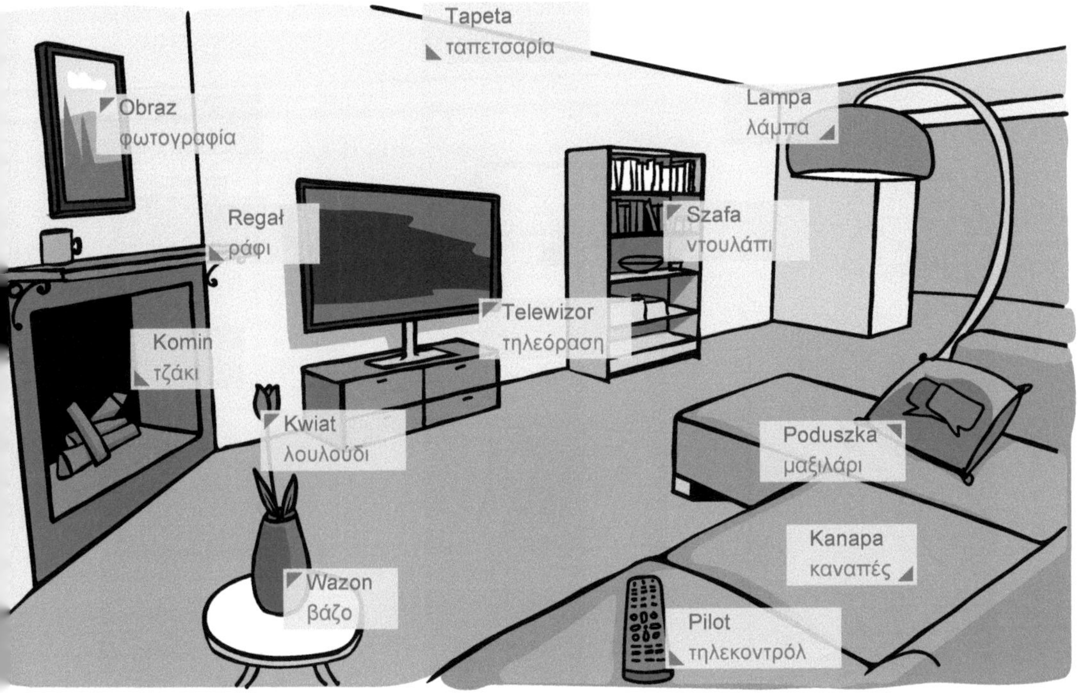

Tapeta
ταπετσαρία
Obraz
φωτογραφία
Lampa
λάμπα
Regał
ράφι
Szafa
ντουλάπι
Telewizor
τηλεόραση
Komin
τζάκι
Kwiat
λουλούδι
Poduszka
μαξιλάρι
Kanapa
καναπές
Wazon
βάζο
Pilot
τηλεκοντρόλ

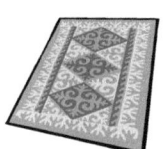

Dywan
χαλί

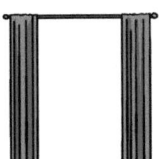

Zasłona
κουρτίνα

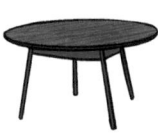

Stół
τραπέζι

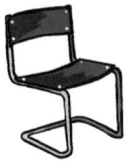

Krzesło
καρέκλα

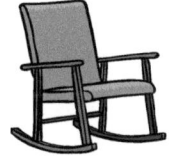

Bujak
κουνιστή πολυθρόνα

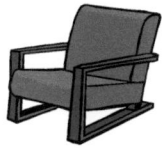

Fotel
πολυθρόνα

Książka

βιβλίο

Sufit

κουβέρτα

Dekoracja

διακόσμηση

Drewno kominkowe

καυσόξυλα

Film

ταινία

Instalacja stereo

στερεοφωνικό σύστημα

Klucz

κλειδί

Gazeta

εφημερίδα

Malunek

πίνακας ζωγραφικής

Plakat

αφίσα

Radio

ραδιόφωνο

Notatnik

σημειωματάριο

Odkurzacz

ηλεκτρική σκούπα

Kaktus

κάκτος

Świeczka

κερί

Kuchnia
κουζίνα

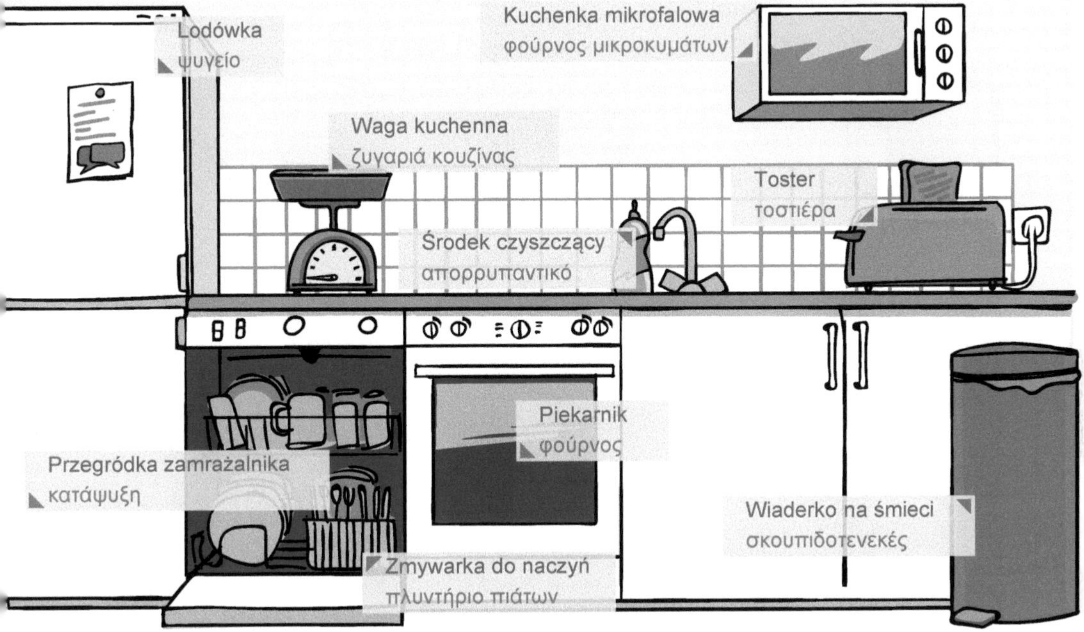

Lodówka
ψυγείο
Kuchenka mikrofalowa
φούρνος μικροκυμάτων
Waga kuchenna
ζυγαριά κουζίνας
Toster
τοστιέρα
Środek czyszczący
απορρυπαντικό
Piekarnik
φούρνος
Przegródka zamrażalnika
κατάψυξη
Wiaderko na śmieci
σκουπιδοτενεκές
Zmywarka do naczyń
πλυντήριο πιάτων

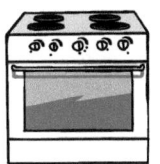

Kuchenka

κουζίνα

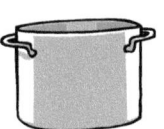

Garnek

κατσαρόλα

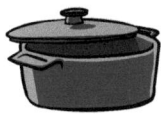

Kocioł żeliwny

μαντεμένια κατσαρόλα

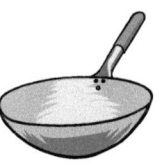

Wok / Kadai

γουόκ/καντάι

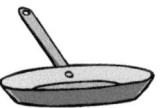

Patelnia

τηγάνι

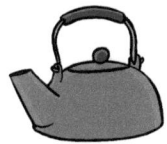

Czajnik

βραστήρας

Parowar

ατμομάγειρας

Blacha do pieczenia

ταψί

Naczynia kuchenne

πιατικά

Kubek

κούπα

Miska

μπολ

Pałeczki

ξυλάκια

Nabierka

κουτάλα

Łopatka do smażenia

σπάτουλα

Trzepaczka do śmietany

ανακατεύω

Cedzak

σουρωτήρι

Sitko

σουρωτηράκι

Tarka

τρίφτης

Moździerz

γουδί

Grillowanie

ψησταριά

Palenisko

ανοιχτή φωτιά

Deska

σανίδα κοπής

Wałek do ciasta

πλάστης

Korkociąg

ανοιχτήρι φελλών

Puszka

κονσέρβα

Otwieracz do puszek

ανοιχτήρι κονσέρβας

Ściereczka do trzymania garnka

γάντι φούρνου

Umywalka

νεροχύτης

Szczotka

βούρτσα

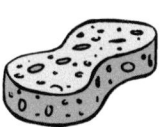

Gąbka

σφουγγάρι

Mikser

μπλέντερ

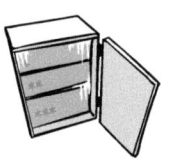

Zamrażarka

καταψύκτης

Butelka dla niemowlęcia

μπιμπερό

Kran

βρύση

Łazienka
μπάνιο

Prysznic
ντους
Ogrzewanie
θέρμανση
Ręcznik
πετσέτα
Kotara prysznicowa
κουρτίνα ντουζ
Płyn do kąpieli
αφρόλουτρο
Wanna kąpielowa
μπανιέρα
Szklanka
ποτήρι
Pralka
πλυντήριο ρούχων
Kran
βρύση
Kafelki
πλακάκια
Nocnik
γιογιό
Umywalka
νεροχύτης

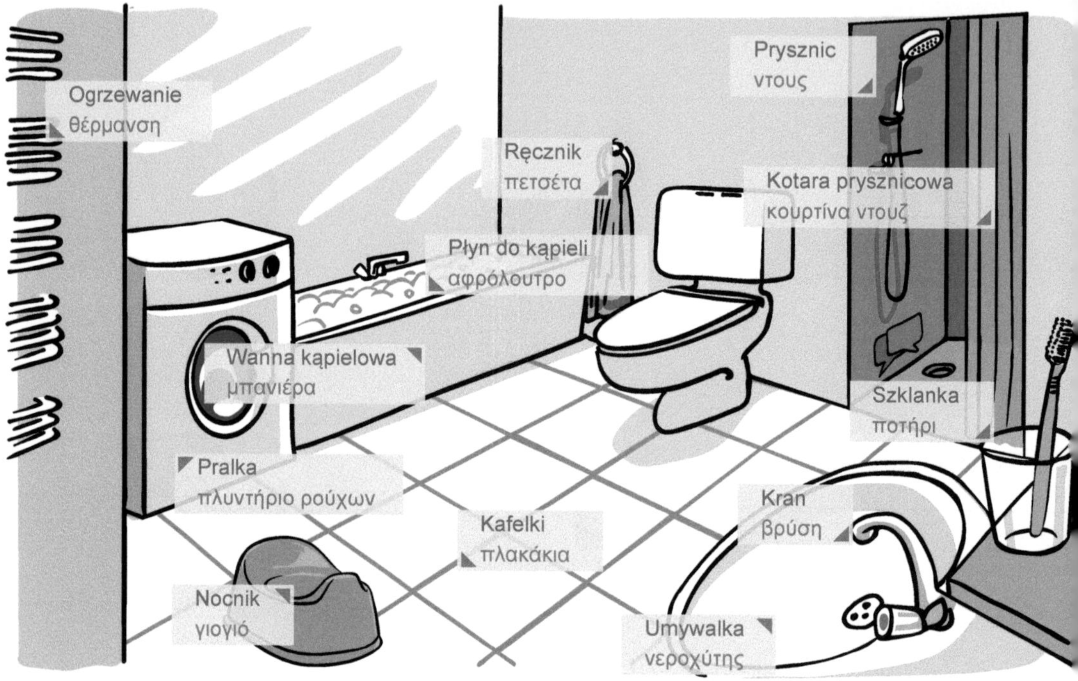

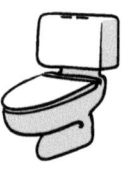

Toaleta

τουαλέτα

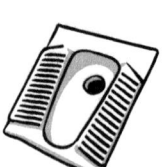

Toaleta kuczna

τούρκικη τουαλέτα

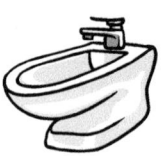

Bidet

μπιντές

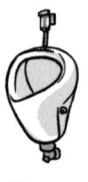

Pisuar

ουρητήριο

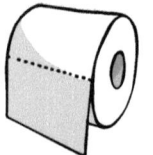

Papier toaletowy

χαρτί υγείας

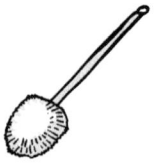

Szczotka toaletowa

πιγκάλ

Szczoteczka do zębów

οδοντόβουρτσα

Pasta do zębów

οδοντόκρεμα

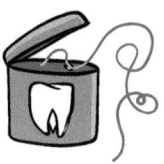

Nitki do czyszczenia zębów

οδοντικό νήμα

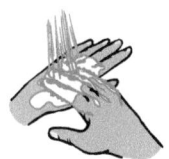

myć

πλένω

Głowica prysznicowa

τηλέφωνο ντους

Płyn kąpielowy do higieny intymnej

ντουσιέρα

Miska do mycia

λεκάνη

Szczotka kąpielowa

βούρτσα πλάτης

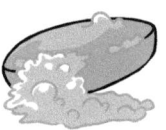

Mydło

σαπούνι

Żel prysznicowy

αφρόλουτρο

Szampon

σαμπουάν

Rękawica kąpielowa

φανέλα

Odpływ

σιφόνι

Krem

κρέμα

Dezodorant

αποσμητικό

Lustro

καθρέφτης

Lustro kosmetyczne

καθρέφτης χειρός

Golarka

ξυραφάκι

Pianka do golenia

αφρός ξυρίσματος

Woda po goleniu

αφτερσέιβ

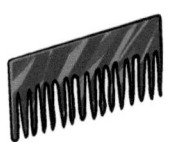

Grzebień

χτένα

Szczotka

βούρτσα

Suszarka do włosów

σεσουάρ

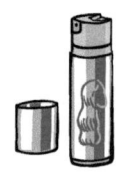

Spray do włosów

λακ

Makijaż

μακιγιάζ

Pomadka

κραγιόν

Lakier do paznokci

βερνίκι νυχιών

Wata

βαμβάκι

Nożyczki do paznokci

ψαλίδι νυχιών

Perfum

άρωμα

Kosmetyczka

νεσεσέρ

Taboret

σκαμπό

Waga

ζυγαριά

Szlafrok kąpielowy

μπουρνούζι

Rękawice gumowe

ελαστικά γάντια

Tampon

ταμπόν

Podpaska damska

πετσέτα υγιεινής

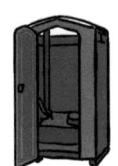

Toaleta chemiczna

χημική τουαλέτα

Pokój dziecięcy
παιδικό δωμάτιο

Budzik
ξυπνητήρι
Pluszowa przytulanka
λούτρινο ζωάκι
Samochodzik
αυτοκινητάκι
Grzechotka
κουδουνίστρα
Domek dla lalek
κουκλόσπιτο
Prezent
δώρο

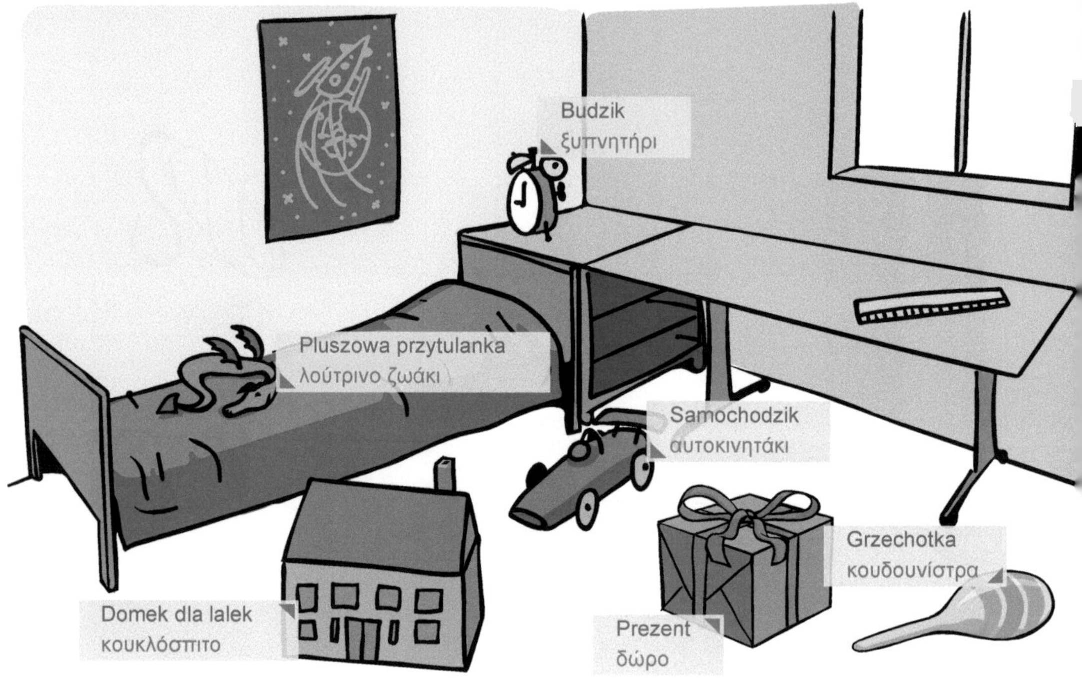

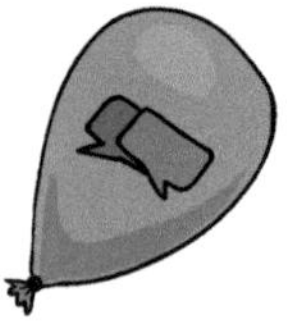

Balon
μπαλόνι

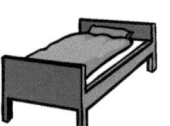

Łóżko
κρεβάτι

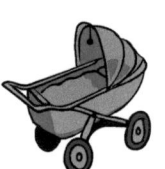

Wózek dziecięcy
καροτσάκι

Gra w karty
τράπουλα

Puzzle
παζλ

SUPER
MEGA

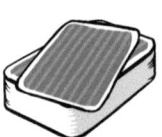

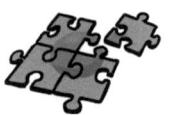

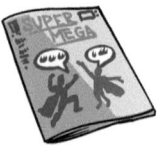

Komiks
κόμικς

Klocki lego

τουβλάκια lego

Klocki

τουβλάκια κατασκευών

Action figura

φιγούρα δράσης

Śpioszek dziecięcy

βρεφικό φορμάκι

Frisbee

φρίσμπι

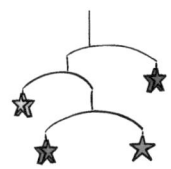

Zabawki ruchome

μόμπιλο

Gra planszowa

επιτραπέζιο παιχνίδι

Kości

ζάρια

Kolejka elektryczna

σετ τρενάκι

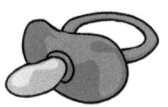

Smoczek

πιπίλα

Przyjęcie

πάρτι

Książka z ilustracjami

εικονογραφημένο βιβλίο

Piłka

μπάλα

Lalka

κούκλα

bawić się

παίζω

Piaskownica

σκάμμα με άμμο

Huśtawka

κούνια

Zabawki

παιχνίδια

Konsola do gier

κονσόλα βιντεοπαιχνιδιών

Rowerek trójkołowy

τρίκυκλο

Pluszowy miś

αρκουδάκι

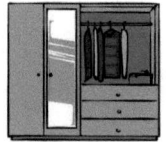

Szafa ubraniowa

ντουλάπα

Ubiór

ρούχα

Skarpety

κάλτσες

Pończochy

καλτσοδέτες

Rajstopy

καλσόν

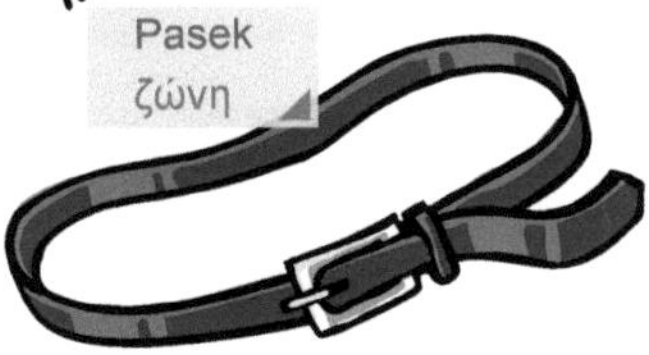

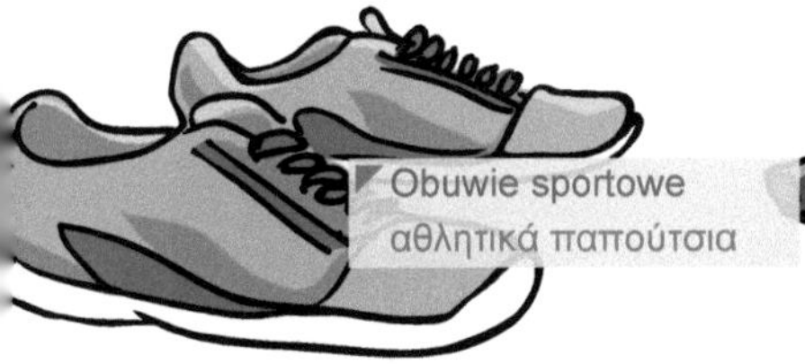

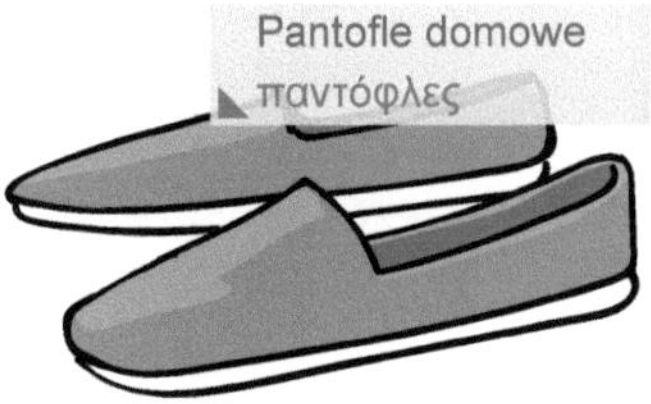

Szal
κασκόλ

Parasol
ομπρέλα

Pasek
ζώνη

T-Shirt
μπλουζάκι

Kozaki
μπότες

Pantofle domowe
παντόφλες

Obuwie sportowe
αθλητικά παπούτσια

Sandały
σανδάλια

Buty
παπούτσια

Kalosze
γαλότσες

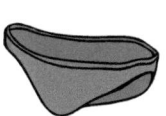

Majtki
εσώρουχο

Biustonosz
σουτιέν

Podkoszulek
φανέλα

Body

σώμα

Spodnie

παντελόνι

Dżins

τζιν παντελόνι

Spódnica

φούστα

Bluzka

μπλούζα

Koszula

πουκάμισο

Pulower

πουλόβερ

Bluza sportowa

πουλόβερ

Marynarka

σακάκι

Kurtka

μπουφάν

Płaszcz

παλτό

Płaszcz przeciwdeszczowy

αδιάβροχο πανωφόρι

Kostium

κοστούμι

Sukienka

φόρεμα

Suknia ślubna

νυφικό

Garnitur męski

κοστούμι

Koszula nocna

νυχτικό

Piżama

πιτζάμες

Sari

σάρι

Chusta na głowę

μαντήλι

Turban

τουρμπάνι

Burka

μπούρκα

Kaftan

καφτάνι

Abaya

μουσουλμανικό ένδυμα

Strój kąpielowy

ολόσωμο μαγιό

Kąpielówki

ανδρικό μαγιό

Krótkie spodnie

σορτς

Dres sportowy

αθλητική φόρμα

Fartuch

ποδιά

Rękawiczki

γάντια

Guzik

κουμπί

Okulary

γυαλιά

Bransoletka

βραχιόλι

Łańcuszek

περιδέραιο

Pierścionek

δαχτυλίδι

Kolczyk

σκουλαρίκι

Czapka

καπέλο

Wieszak

κρεμάστρα

Kapelusz

καπέλο

Krawat

γραβάτα

Zamek błyskawiczny

φερμουάρ

Kask

κράνος

Szelki

τιράντες

Mundurek szkolny

μαθητική στολή

Mundur

στολή

Śliniaczek

σαλιάρα

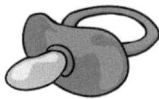

Smoczek

πιπίλα

Pieluszka

πάνα

Biuro

γραφείο

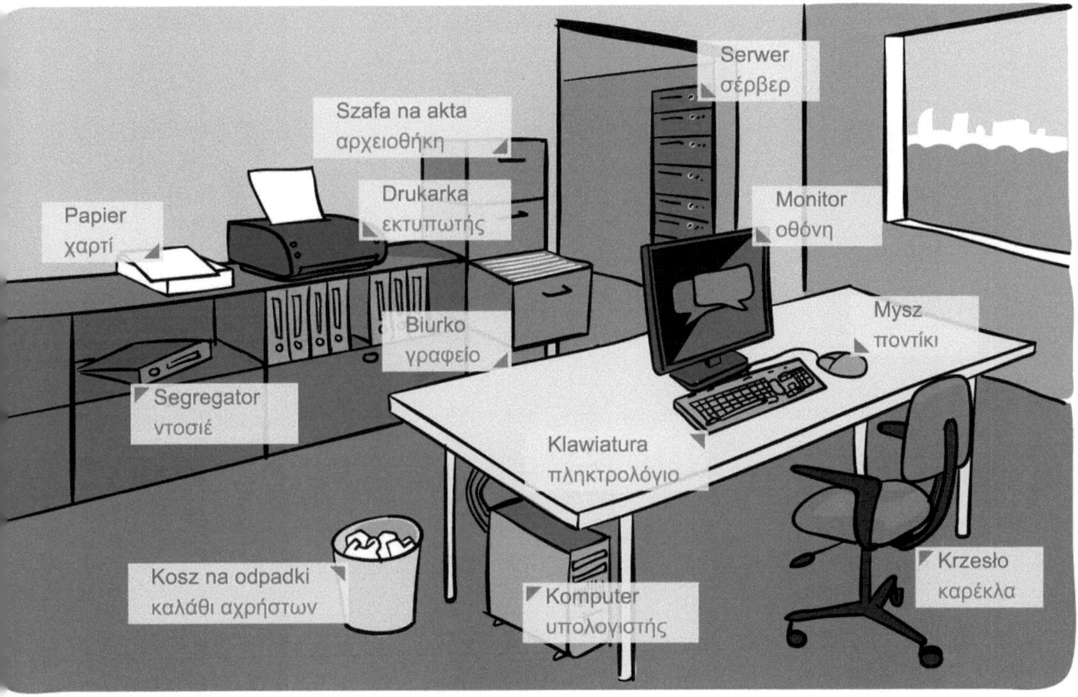

Serwer
σέρβερ

Szafa na akta
αρχειοθήκη

Drukarka
εκτυπωτής

Monitor
οθόνη

Papier
χαρτί

Mysz
ποντίκι

Biurko
γραφείο

Segregator
ντοσιέ

Klawiatura
πληκτρολόγιο

Krzesło
καρέκλα

Kosz na odpadki
καλάθι αχρήστων

Komputer
υπολογιστής

Filiżanka do kawy

κούπα του καφέ

Kalkulator

κομπιουτεράκι

Internet

ίντερνετ

Laptop	**List**	**Wiadomość**
λάπτοπ	γράμμα	μήνυμα

Komórka	**Sieć**	**Kopiarka**
κινητό	δίκτυο	φωτοτυπικό μηχάνημα

Oprogramowanie	**Telefon**	**Gniazdko**
λογισμικό	τηλέφωνο	πρίζα
	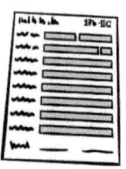	
Faks	**Formularz**	**Dokument**
συσκευή φαξ	έντυπο	έγγραφο

kupić
....
αγοράζω

płacić
....
πληρώνω

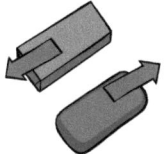

postępować
....
συναλλάσσομαι

Pieniądze
....
χρήματα

Dolar
....
δολάριο

Euro
....
ευρώ

Jen
....
γιεν

Rubel
....
ρούβλι

Frank
....
ελβετικό φράγκο

Juan Renminbi
....
ρενμίνμπι γιουάν

Rupia
....
ρουπία

Bankomat
....
ATM (αυτόματη ταμειακή
μηχανή)

Kantor wymiany walut

ανταλλακτήρια
συναλλάγματος

Złoto

χρυσός

Srebro

ασήμι

Olej

πετρέλαιο

Energia

ενέργεια

Cena

τιμή

Umowa

συμβόλαιο

Podatek

φόρος

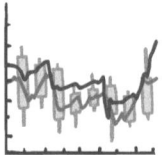

Akcja

μετοχή

pracować

δουλεύω

Pracownik umysłowy

υπάλληλος

Pracodawca

εργοδότης

Fabryka

εργοστάσιο

Sklep

κατάστημα

Zawody
επαγγέλματα

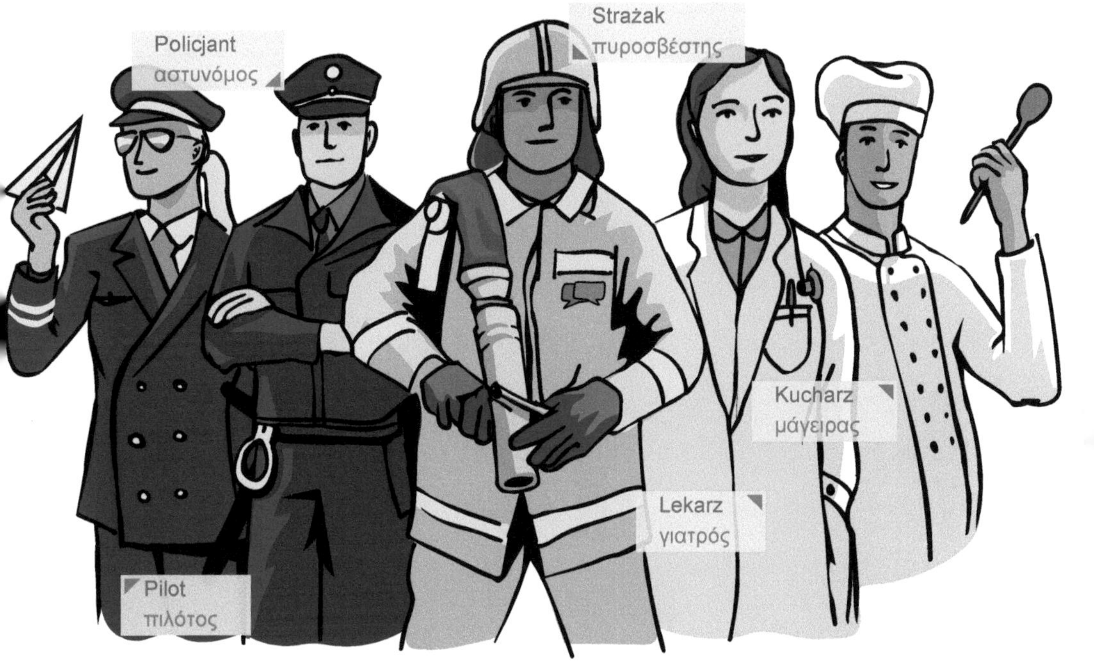
Strażak
πυροσβέστης
Policjant
αστυνόμος
Kucharz
μάγειρας
Lekarz
γιατρός
Pilot
πιλότος

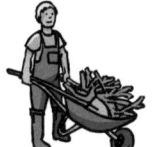

Ogrodnik

κηπουρός

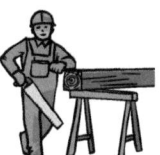

Stolarz

ξυλουργός

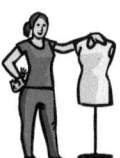

Krawcowa

μοδίστρα

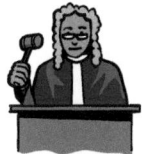

Sędzia

δικαστής

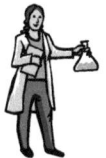

Chemik

χημικός

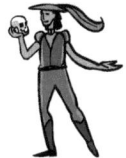

Aktor

ηθοποιός

Kierowca autobusu

οδηγός λεωφορείου

Taksówkarz

ταξιτζής

Fischer

ψαράς

Sprzątaczka

καθαρίστρια

Dekarz

τεχνίτης στεγών

Kelner

σερβιτόρος

Myśliwy

κυνηγός

Malarz

ζωγράφος

Piekarz

αρτοποιός

Elektryk

ηλεκτρολόγος

Robotnik budowlany

οικοδόμος

Inżynier

μηχανολόγος

Rzeźnik

κρεοπώλης

Instalator

υδραυλικός

Listonosz

ταχυδρόμος

Żołnierz

στρατιώτης

Architekt

αρχιτέκτονας

Kasjer

ταμίας

Florysta

ανθοπώλης

Fryzjer

κομμωτής

Konduktor

ελεγκτής εισιτηρίων

Mechanik

μηχανικός

Kapitan

καπετάνιος

Dentysta

οδοντίατρος

Naukowiec

επιστήμονας

Rabin

ραβίνος

Imam

ιμάμης

Mnich

μοναχός

Proboszcz

ιερέας

Zawody - επαγγέλματα

Narzędzia

εργαλεία

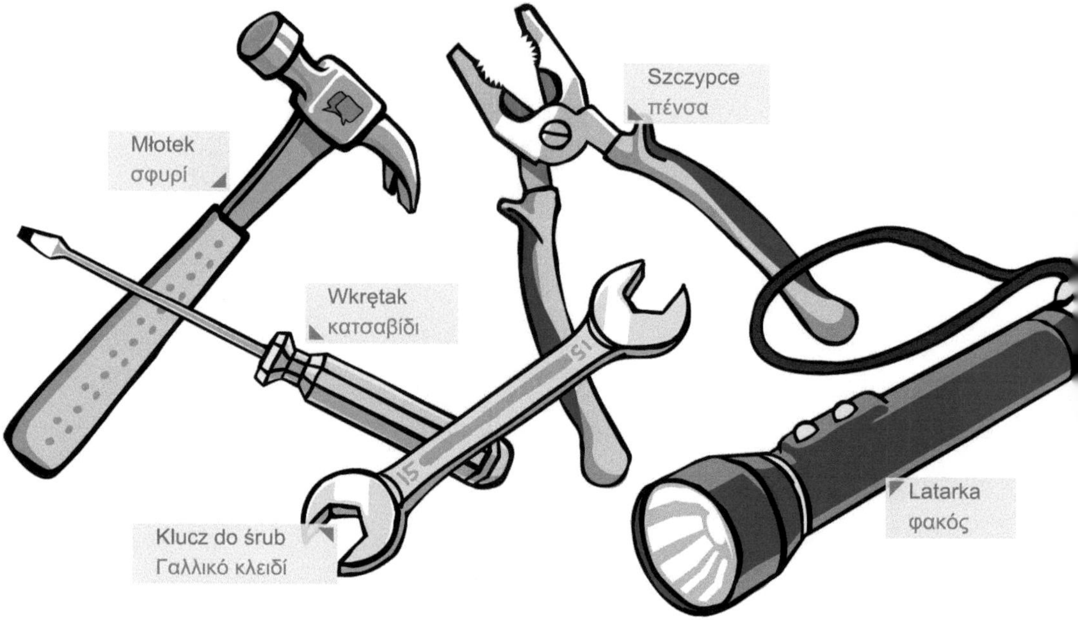
Młotek
σφυρί
Szczypce
πένσα
Wkrętak
κατσαβίδι
Latarka
φακός
Klucz do śrub
Γαλλικό κλειδί

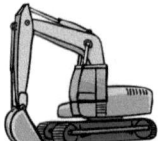

Koparka

εκσκαφέας

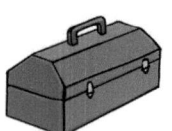

Skrzynka narzędziowa

εργαλειοθήκη

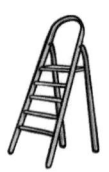

Drabina

σκάλα

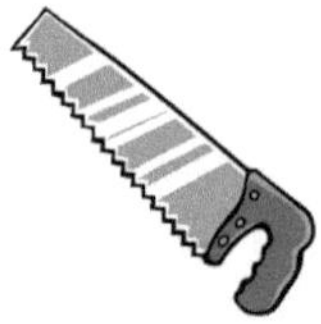

Piła

πριόνι

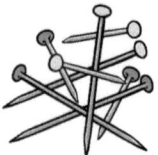

Gwoździe

καρφιά

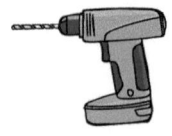

Wiertło

τρυπάνι

naprawić

επισκευάζω

Łopatka

φτυάρι

Cholera!

Να πάρει!

Szufelka

φαράσι

Puszka z farbą

δοχείο χρωμάτων

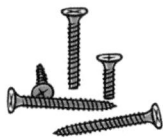

Śruby

βίδες

Instrumenty muzyczne
μουσικά όργανα

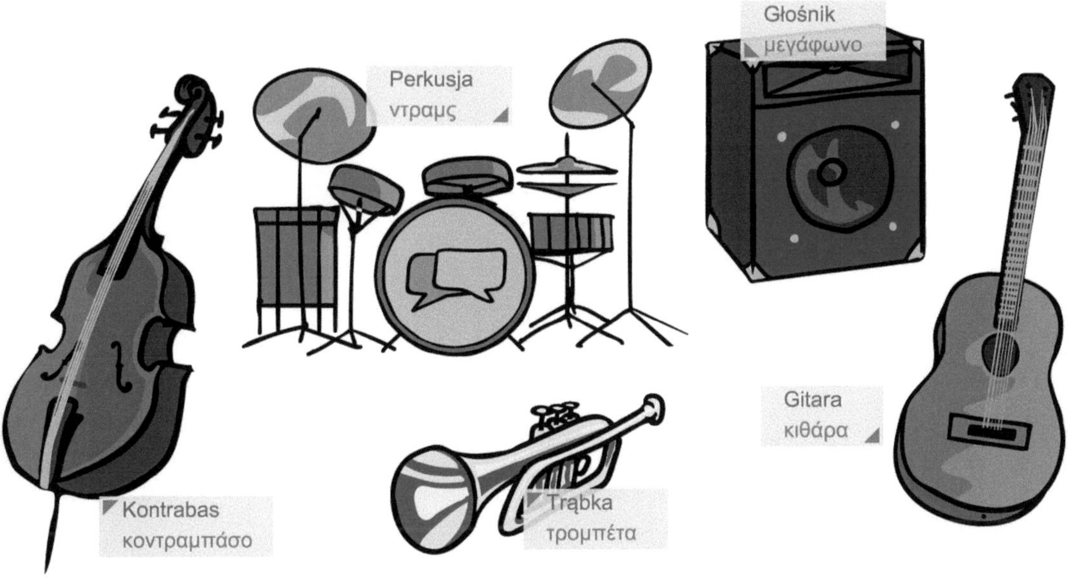

Perkusja
ντραμς

Głośnik
μεγάφωνο

Gitara
κιθάρα

Kontrabas
κοντραμπάσο

Trąbka
τρομπέτα

Pianino

πιάνο

Skrzypce

βιολί

Bas

μπάσο

Kotły

τύμπανα

Bęben

τύμπανο

Keyboard

πλήκτρα

Saksofon

σαξόφωνο

Flet

φλάουτο

Mikrofon

μικρόφωνο

Zoo

ζωολογικός κήπος

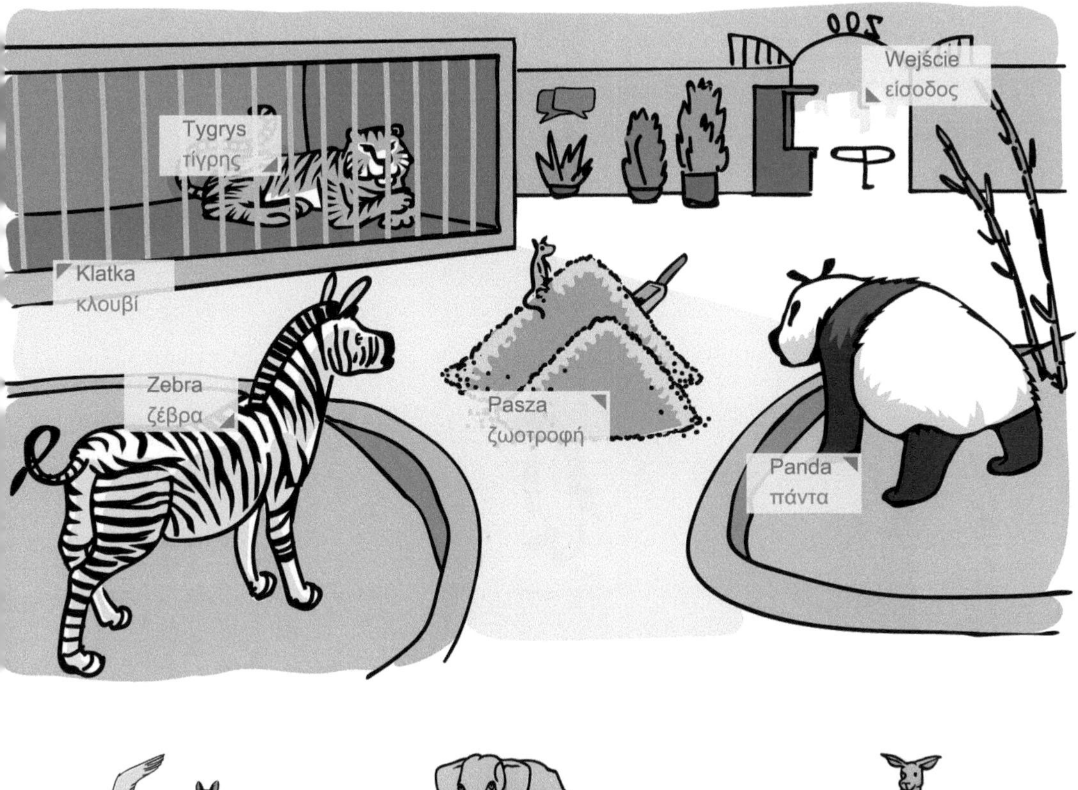

Tygrys
τίγρης
Wejście
είσοδος
Klatka
κλουβί
Zebra
ζέβρα
Pasza
ζωοτροφή
Panda
πάντα

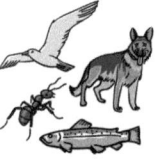

Zwierzęta
ζώα

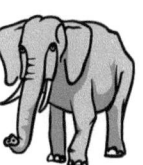

Słoń
ελέφαντας

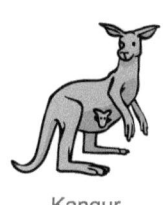

Kangur
καγκουρό

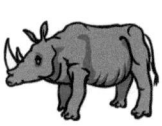

Nosorożec
ρινόκερος

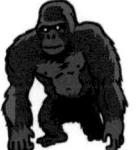

Goryl
γορίλας

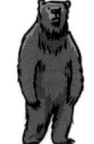

Niedźwiedź
αρκούδα

Wielbłąd

καμήλα

Struś

στρουθοκάμηλος

Lew

λιοντάρι

Małpa

πίθηκος

Fleming

φλαμίνγκο

Papuga

παπαγάλος

Niedźwiedź polarny

πολική αρκούδα

Pingwin

πιγκουίνος

Rekin

καρχαρίας

Paw

παγώνι

Wąż

φίδι

Krokodyl

κροκόδειλος

Dozorca w zoo

φύλακας ζωολογικού κήπου

Foka

φώκια

Jaguar

τζάγκουαρ

Zoo - ζωολογικός κήπος

Kucyk

πόνυ

Gepard

λεοπάρδαλη

Hipopotam

ιπποπόταμος

Żyrafa

καμηλοπάρδαλη

Orzeł

αετός

Dzik

αγριογούρουνο

Ryba

ψάρι

Żółw

χελώνα

Mors

θαλάσσιος ίππος

Lis

αλεπού

Gazela

γαζέλα

Zoo - ζωολογικός κήπος

Futbol amerykański
Αμερικάνικο ποδόσφαιρο

Kolarstwo
ποδηλασία

Tenis
αντισφαίριση

Koszykówka
μπάσκετ

Pływanie
κολύμβηση

Hokej na lodzie
χόκεϊ επί πάγου

Boks
πυγμαχία

Piłka nożna

ποδόσφαιρο

Badminton

μπάντμιντον

Lekka atletyka

στίβος

Piłka ręczna

χάντμπολ

Narciarstwo

σκι

Polo

πόλο

Działania
δραστηριότητες

skakać
πηδάω
objąć
αγκαλιάζω
śmiać się
γελάω
iść
περπατάω
śpiewać
τραγουδάω
marzyć
ονειρεύομαι
modlić się
προσεύχομαι
całować
φιλάω

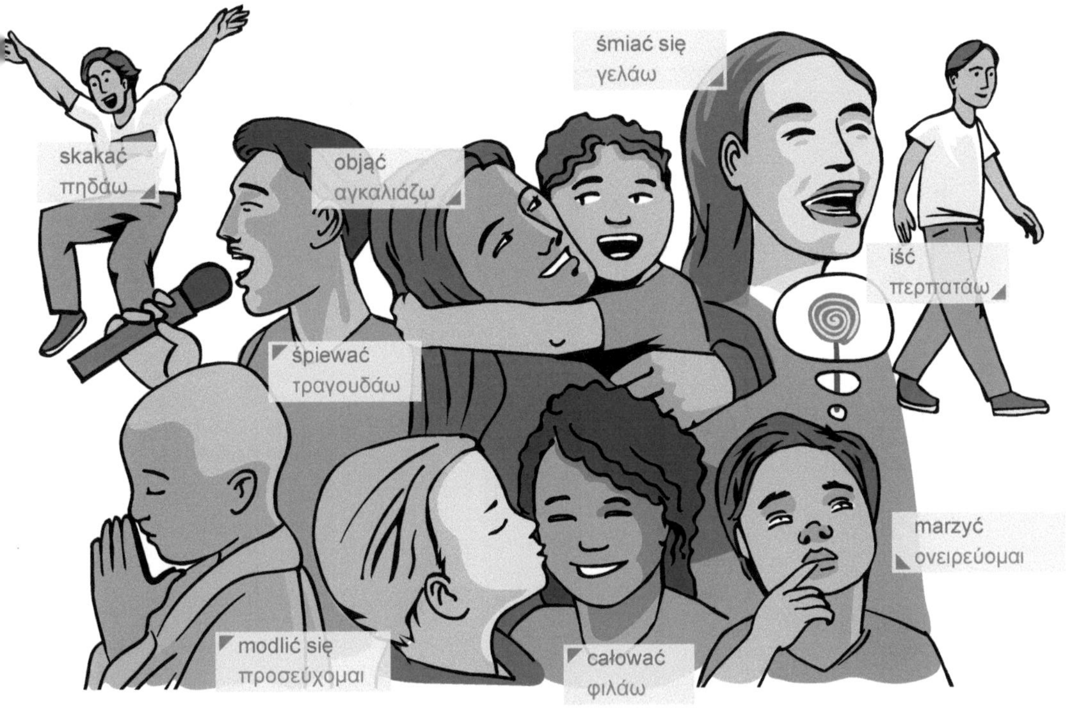

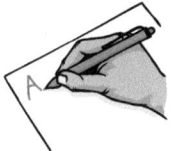

pisać

γράφω

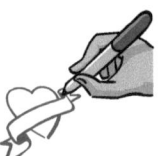

rysować

σχεδιάζω

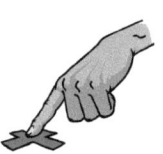

pokazywać

δείχνω

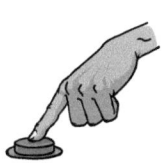

nacisnąć

πιέζω

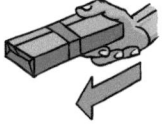

dać

δίνω

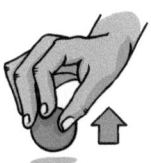

wziąć

παίρνω

mieć

έχω

robić

κάνω

być

είμαι

stać

στέκομαι

biegać

τρέχω

ciągnąć

τραβάω

rzucać

ρίχνω

spaść

πέφτω

leżeć

ξαπλώνω

czekać

περιμένω

nosić

κουβαλώ

siedzieć

κάθομαι

zakładać

φοράω

spać

κοιμάμαι

budzić się

ξυπνάω

spojrzeć

κοιτάω

płakać

κλαίω

głaskać

χαϊδεύω

czesać się

χτενίζω

mówić

μιλάω

rozumieć

καταλαβαίνω

pytać

ρωτάω

słyszeć

ακούω

pić

πίνω

jeść

τρώω

sprzątać

συγυρίζω

kochać

αγαπάω

gotować

μαγειρεύω

jechać

οδηγώ

latać

πετάω

żeglować

κάνω ιστιοπλοΐα

liczyć

υπολογίζω

czytać

διαβάζω

uczyć się

μαθαίνω

pracować

δουλεύω

wejść w związek małżeński

παντρεύομαι

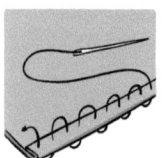

szyć

ράβω

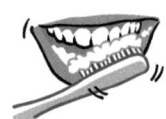

myć zęby

βουρτσίζω τα δόντια

zabić

σκοτώνω

palić tytoń

καπνίζω

wysłać

στέλνω

Rodzina

οικογένεια

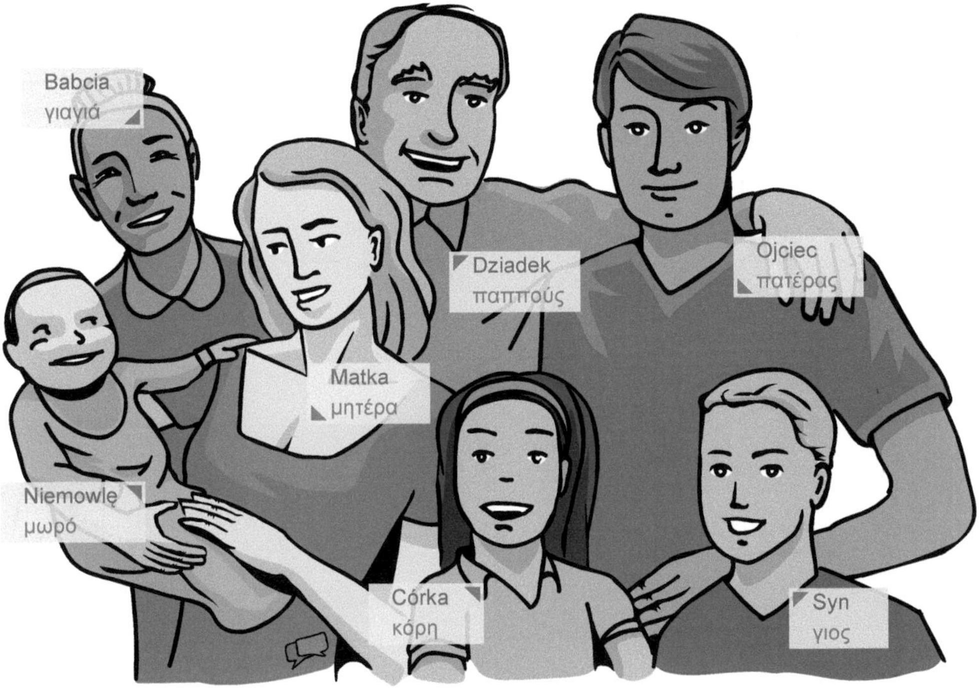
Babcia
γιαγιά
Dziadek
παππούς
Ojciec
πατέρας
Matka
μητέρα
Niemowlę
μωρό
Córka
κόρη
Syn
γιος

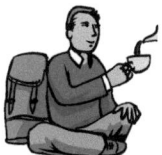

Gość

καλεσμένος

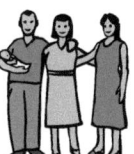

Ciotka

θεία

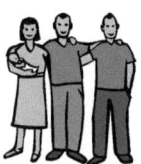

Wujek

θείος

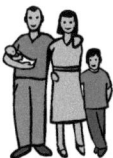

Brat

αδελφός

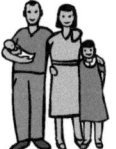

Siostra

αδελφή

Ciało

σώμα

Czoło
μέτωπο
Oko
μάτι
Ramię
ώμος
Palec
δάχτυλο
Twarz
πρόσωπο
Broda
πιγούνι
Ręka
χέρι
Pierś
στήθος
Noga
πόδι
Ramię
βραχίονας

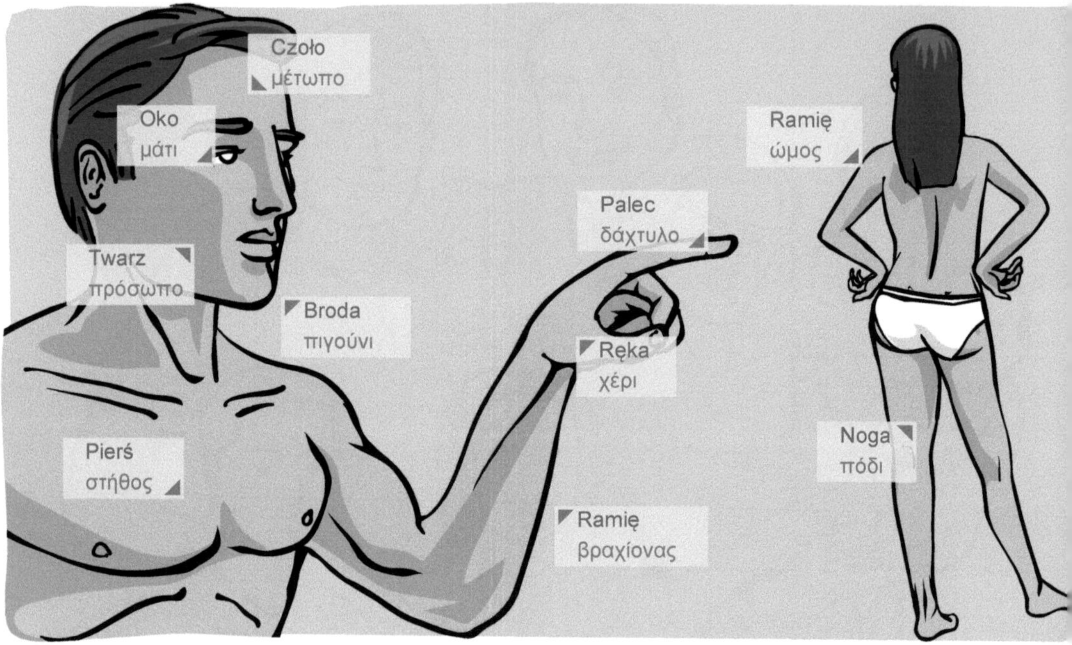

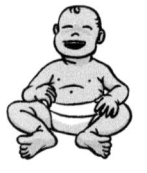

Niemowlę

μωρό

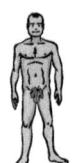

Mężczyzna

άνδρας

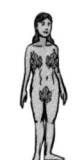

Kobieta

γυναίκα

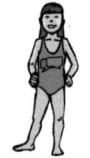

Dziewczyna

κορίτσι

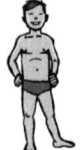

Chłopiec

αγόρι

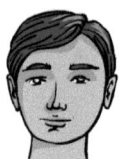

Głowa

κεφάλι

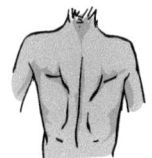

Plecy

πλάτη

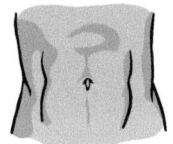

Brzuch

κοιλιά

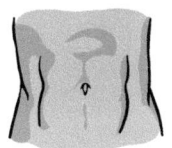

Pępek

αφαλός

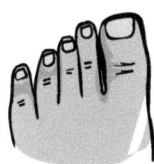

palec nogi

δάχτυλο ποδιού

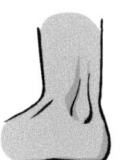

Pięta

φτέρνα

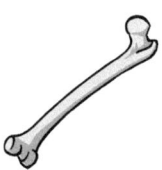

Kość

κόκκαλο

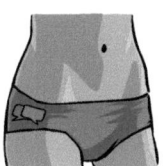

Biodro

γοφός

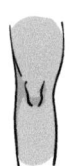

Kolano

γόνατο

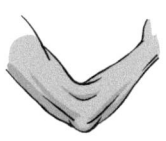

Łokieć

αγκώνας

Nos

μύτη

Pośladki

γλουτός

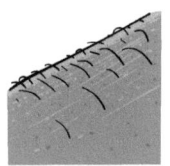

Skóra

δέρμα

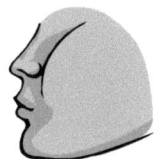

Policzek

μάγουλο

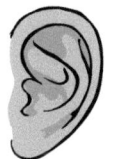

Uszy

αυτί

Warga

χείλος

Usta

στόμα

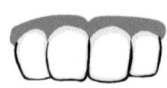

Ząb

δόντι

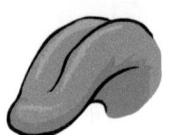

Język

γλώσσα

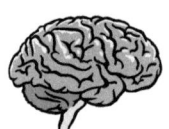

Mózg

εγκέφαλος

Serce

καρδιά

Mięsień

μυς

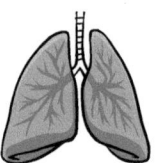

Płuca

πνεύμονας

Wątroba

συκώτι

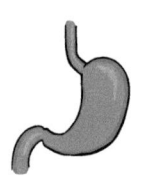

Żołądek

στομάχι

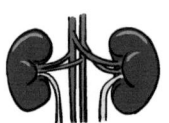

Nerki

νεφρά

Stosunek płciowy

σεξουαλική επαφή

Kondom

προφυλακτικό

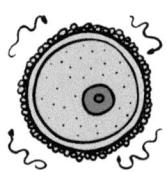

Komórka jajowa

ωάριο

Sperma

σπέρμα

Ciąża

εγκυμοσύνη

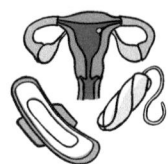

Menstruacja

περίοδος

Wagina

γυναικείος κόλπος

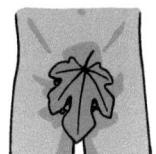

Penis

πέος

Brew

φρύδι

Włosy

μαλλιά

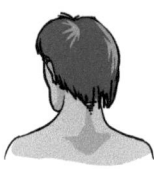

Szyja

λαιμός

Szpital

νοσοκομείο

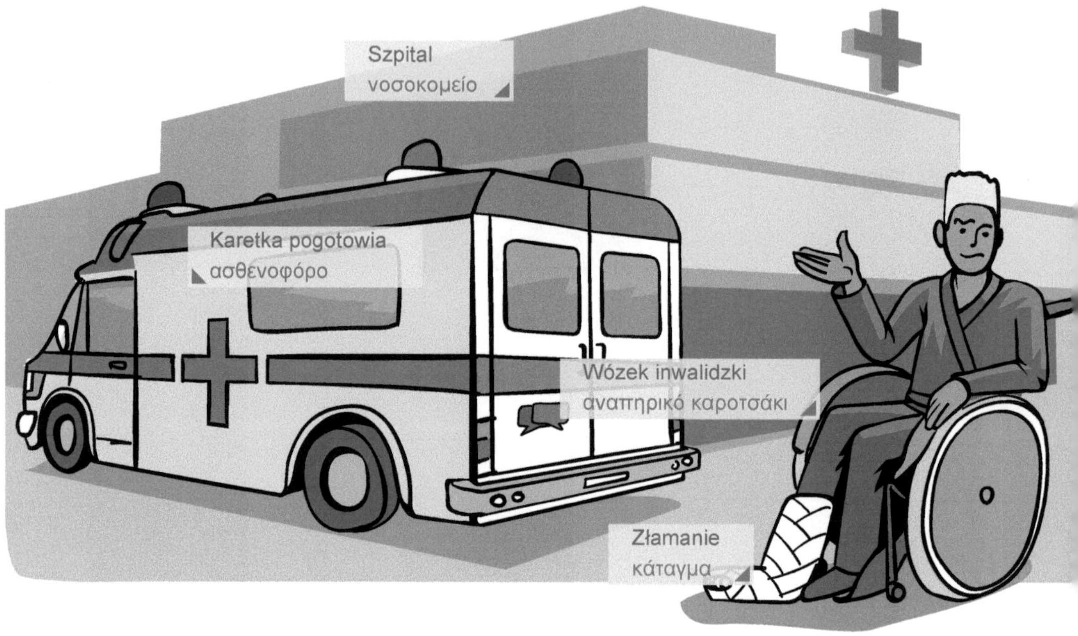

Szpital
νοσοκομείο
Karetka pogotowia
ασθενοφόρο
Wózek inwalidzki
αναπηρικό καροτσάκι
Złamanie
κάταγμα

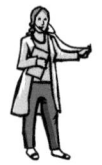

Lekarz

γιατρός

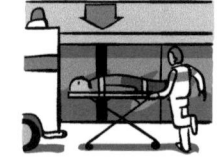

Izba przyjęć

μονάδα εντατικής θεραπείας

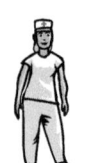

Pielęgniarka

νοσοκόμα

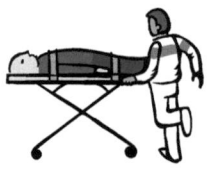

Nagły przypadek

έκτακτη ανάγκη

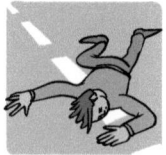

nieprzytomny

λιπόθυμος

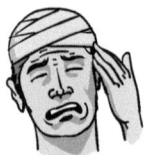

Ból

πόνος

Skaleczenie

τραύμα

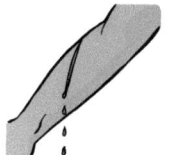

Krwawienie

αιμορραγία

Zawał serca

έμφραγμα

Udar mózgu

εγκεφαλικό

Alergia

αλλεργία

Kaszleć

βήχας

Gorączka

πυρετός

Grypa

γρίπη

Biegunka

διάρροια

Ból głowy

πονοκέφαλος

Rak

καρκίνος

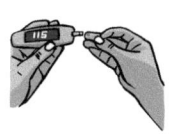

Cukrzyca

διαβήτης

Chirurg

χειρουργός

Skalpel

νυστέρι

Operacja

εγχείρηση

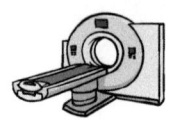

CT

αξονική τομογραφία

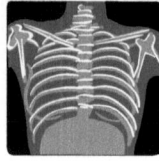

Rentgen

ακτινογραφία

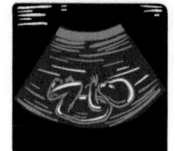

Ultradźwięki

υπέρηχος

Maska

μάσκα

Choroba

ασθένεια

Poczekalnia

αίθουσα αναμονής

Kula

πατερίτσα

Plaster

χάνσαπλαστ

Opatrunek

επίδεσμος

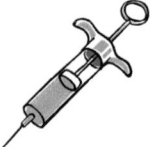

Iniekcja

ένεση

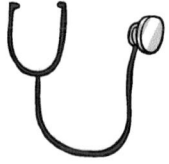

Stetoskop

στηθοσκόπιο

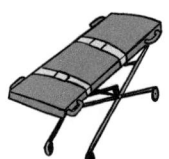

Nosze

φορείο

Termometr

θερμόμετρο

Poród

γέννηση

Nadwaga

υπέρβαρο

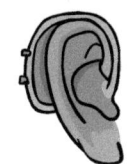

Aparat słuchowy

ακουστικό βαρηκοΐας

Środek dezynfekcyjny

αντισηπτικό

Infekcja

λοίμωξη

Wirus

ιός

HIV / AIDS

HIV/AIDS

Medycyna

φάρμακο

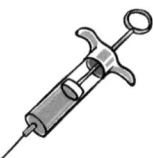

Szczepienie

εμβολιασμός

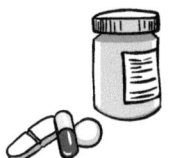

Tabletki

δισκία

Pigułka

χάπι

Telefon ratunkowy

κλήση έκτακτης ανάγκης

Ciśnieniomierz krwi

πιεσόμετρο αίματος

chory / zdrowy

άρρωστος / υγιής

Pomocy! Βοήθεια!	 Alarm συναγερμός	 Napad βιαιοπραγία
 Atak επίθεση	 Niebezpieczeństwo κίνδυνος	 Wyjście awaryjne έξοδος κινδύνου
Pożar! Φωτιά!	 Gaśnica πυροσβεστήρας	 Wypadek ατύχημα
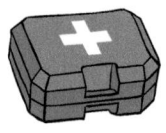 Walizeczka pierwszej pomocy κουτί πρώτων βοηθειών	 SOS SOS	 Policja αστυνομία

Europa

Ευρώπη

Ameryka Północna

Βόρεια Αμερική

Ameryka Południowa

Νότια Αμερική

Afryka

Αφρική

Azja

Ασία

Australia

Αυστραλία

Atlantyk

Ατλαντικός Ωκεανός

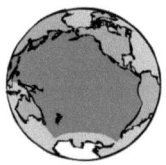

Pacyfik

Ειρηνικός Ωκεανός

Ocean Indyjski

Ινδικός Ωκεανός

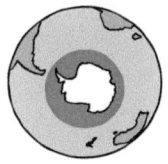

Ocean Antarktyczny

Ανταρκτικός Ωκεανός

Ocean Arktyczny

Αρκτικός Ωκεανός

Biegun północny

Βόρειος Πόλος

Biegun południowy

Νότιος Πόλος

Antarktyda

Ανταρκτική

Ziemia

Γη

Kraj

γη

Morze

θάλασσα

Wyspa

νησί

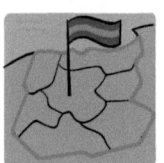

Naród

έθνος

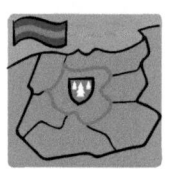

Państwo

πολιτεία

Cyferblat

καντράν ρολογιού

Wskazówka godzinowa

ωροδείκτης

Wskazówka minutowa

λεπτοδείκτης

Wskazówka sekundowa

δείκτης δευτερολέπτων

Która godzina?

Τι ώρα είναι;

Dzień

ημέρα

Czas

χρόνος

teraz

τώρα

Zegarek digitalny

ψηφιακό ρολόι

Minuta

λεπτό

Godzina

ώρα

Tydzień
εβδομάδα

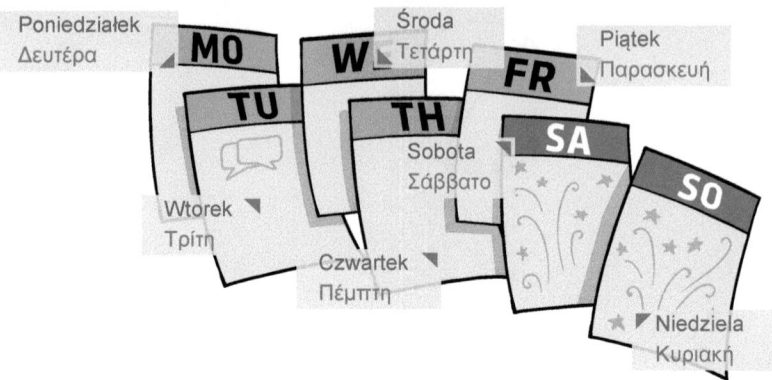

Poniedziałek
Δευτέρα

Wtorek
Τρίτη

Środa
Τετάρτη

Czwartek
Πέμπτη

Piątek
Παρασκευή

Sobota
Σάββατο

Niedziela
Κυριακή

wczoraj

χθες

dzisiaj

σήμερα

jutro

αύριο

Rano

πρωί

Południe

μεσημέρι

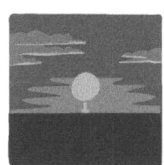

Wieczór

βράδυ

Dni robocze

εργάσιμες ημέρες

Weekend

Σαββατοκύριακο

Rok
έτος

Deszcz
βροχή
Tęcza
ουράνιο τόξο
Wiatr
άνεμος
Śnieg
χιόνι
Wiosna
άνοιξη
Lato
καλοκαίρι
Jesień
φθινόπωρο
Zima
χειμώνας

4.APRIL 11°
5.APRIL 4°
6.APRIL 13°
7.APRIL 8°
8.APRIL 10°

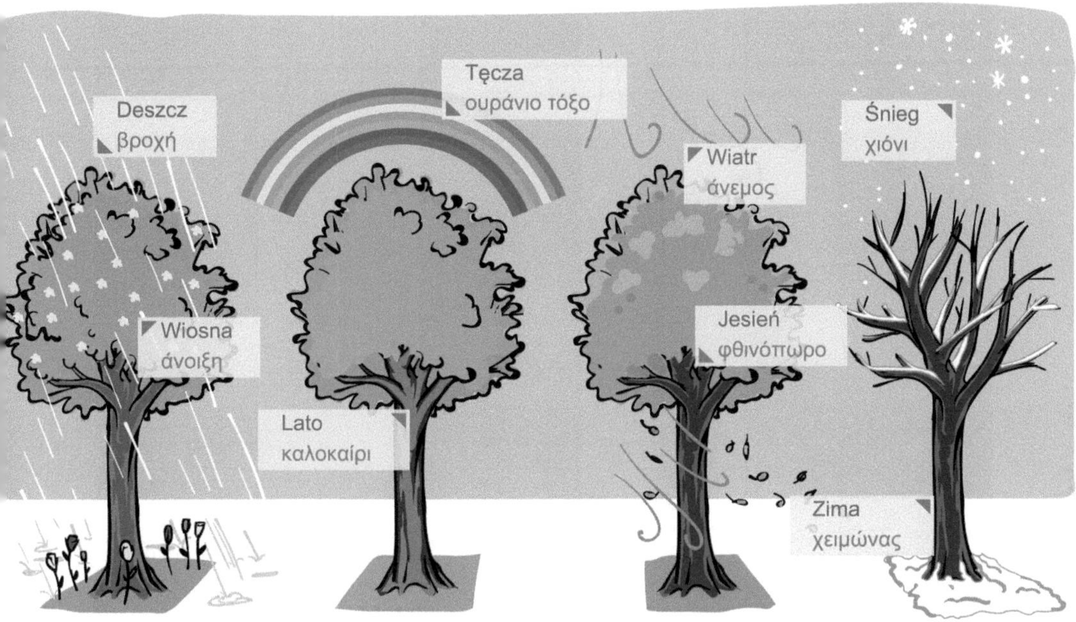

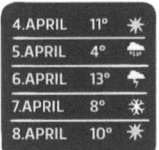

Prognoza pogody

πρόγνωση καιρού

F
C
120
90
60
30
0
-30
40
30
20
10
0
-10
-20

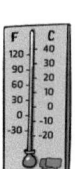

Termometr

θερμόμετρο

Światło słoneczne

λιακάδα

Chmura

σύννεφο

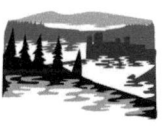

Mgła

ομίχλη

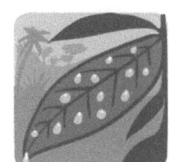

Wilgotność powietrza

υγρασία

Błyskawica

αστραπή

Grzmot

κεραυνός

Sztorm

καταιγίδα

Grad

χαλάζι

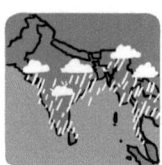

Monsun

μουσώνας

Potop

πλημμύρα

Lód

πάγος

Styczeń

Ιανουάριος

Luty

Φεβρουάριος

Marzec

Μάρτιος

Kwiecień

Απρίλιος

Maj

Μάιος

Czerwiec

Ιούνιος

Lipiec

Ιούλιος

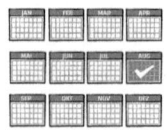

Sierpień

Αύγουστος

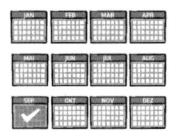

Wrzesień

Σεπτέμβριος

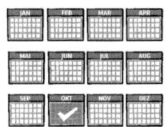

Październik

Οκτώβριος

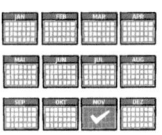

Listopad

Νοέμβριος

Grudzień

Δεκέμβριος

Koło

κύκλος

Kwadrat

τετράγωνο

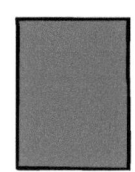

Prostokąt

ορθογώνιο
παραλληλόγραμμο

Trójkąt

τρίγωνο

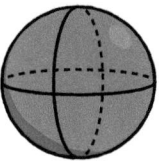

Kula

σφαίρα

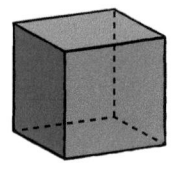

Sześcian

κύβος

biały

áσπρο

żółty

κίτρινο

pomarańczowy

πορτοκαλί

różowy

ροζ

czerwony

κόκκινο

liliowy

μωβ

niebieski

μπλε

zielony

πράσινο

brązowy

καφέ

szary

γκρι

czarny

μαύρο

dużo / mało

πολύ / λίγο

wściekły / spokojny

θυμωμένος / ήρεμος

piękny / brzydki

όμορφος / άσχημος

początek / koniec

αρχή / τέλος

duży / mały

μεγάλος / μικρός

jasny / ciemny

φωτεινός / σκοτεινός

brat / siostra

αδελφός / αδελφή

czysty / brudny

καθαρός / λερωμένος

kompletny / niekompletny

πλήρης / ατελής

dzień / noc

ημέρα / νύχτα

umarły / żywy

νεκρός / ζωντανός

szeroki / wąski

φαρδύς / στενός

jadalny / niejadalny

βρώσιμος / μη βρώσιμος

zły / uprzejmy

κακός / ευγενικός

podniecony / znudzony

ενθουσιασμένος /
βαριεστημένος

gruby / chudy

παχύς / λεπτός

najpierw / na końcu

πρώτος / τελευταίος

przyjaciel / wróg

φίλος / εχθρός

pełen / pusty

γεμάτος / άδειος

twardy / miękki

σκληρός / μαλακός

ciężki / lekki

βαρύς / ελαφρύς

głód / pragnienie

πείνα / δίψα

chory / zdrowy

άρρωστος / υγιής

nielegalny / legalny

παράνομος / νόμιμος

inteligentny / głupi

έξυπνος / χαζός

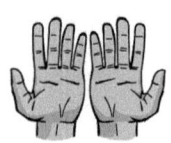

lewo / prawo

αριστερός / δεξιός

bliski / daleki

κοντινός / μακρινός

nowy / używany

καινούριος /
μεταχειρισμένος

nic / coś

τίποτα / κάτι

stary / młody

γέρος | νέος

włącz / wyłącz

αναμμένος / σβηστός

otwarty / zamknięty

ανοιχτός / κλειστός

cichy / głośny

χαμηλόφωνος /
μεγαλόφωνος

bogaty / biedny

πλούσιος / φτωχός

prawidłowy / błędny

σωστός / λανθασμένος

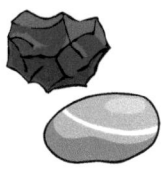

chropowaty / gładki

τραχύς / λείος

smutny / szczęśliwy

λυπημένος / χαρούμενος

krótki / długi

κοντός / μακρύς

powolny / szybki

αργός / γρήγορος

mokry/suchy

υγρός / στεγνός

ciepły / chłodny

ζεστός / δροσερός

wojna / pokój

πόλεμος / ειρήνη

0	**1**	**2**
zero	jeden	dwa
μηδέν	ένα	δύο

3	**4**	**5**
trzy	cztery	pięć
τρία	τέσσερα	πέντε

6	**7**	**8**
sześć	siedem	osiem
έξι	εφτά	οκτώ

9	**10**	**11**
dziewięć	dziesięć	jedenaście
εννιά	δέκα	έντεκα

12	**13**	**14**
dwanaście	trzynaście	czternaście
δώδεκα	δεκατρία	δεκατέσσερα

15	**16**	**17**
piętnaście	szesnaście	siedemnaście
δεκαπέντε	δεκαέξι	δεκαεφτά

18	**19**	**20**
osiemnaście	dziewiętnaście	dwadzieścia
δεκαοκτώ	δεκαεννέα	είκοσι

100	**1.000**	**1.000.000**
sto	tysiąc	milion
εκατό	χίλια	εκατομμύριο

Angielski

Αγγλικά

Angielski amerykański

Αμερικάνικα Αγγλικά

Chiński mandaryński

Μανδαρίνικα Κινέζικα

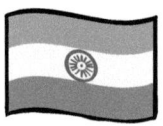

Hindi

Χίντι

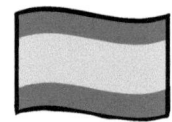

Hiszpański

Ισπανικά

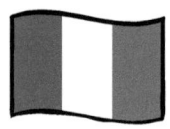

Francuski

Γαλλικά

Arabski

Αραβικά

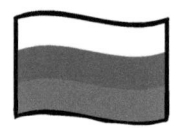

Rosyjski

Ρώσικα

Portugalski

Πορτογαλικά

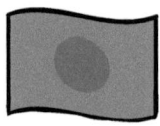

Bengalski

Μπενγκάλι

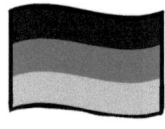

Niemiecki

Γερμανικά

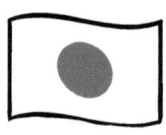

Japoński

Ιαπωνικά

ja
εγώ

ty
εσύ

on / ona / ono
αυτός / αυτή / αυτό

my
εμείς

wy
εσείς

oni
αυτοί / αυτές / αυτά

kto?
ποιος / ποια / ποιο;

co?
τι;

jak?
πώς;

gdzie?
πού;

kiedy?
πότε;

Nazwisko
όνομα

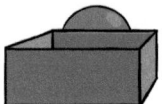

za

πίσω

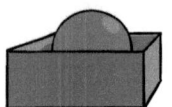

w

μέσα

przed

μπροστά

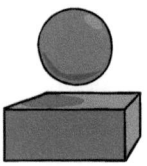

powyżej

πάνω από

na

πάνω

pod

κάτω

obok

δίπλα

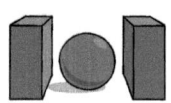

między

ανάμεσα

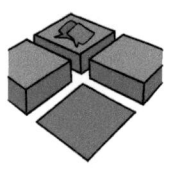

Miejsce

μέρος